遙制坤輿

蔣介石手令與批示

Chiang Kai-Shek's Directives and Approvals

導讀

任育德
國立中正紀念堂管理處研究典藏組副研究員

一、檔案簡介

　　在民國歷史研究中，蔣介石相關史料由於涉及人物、事件，是重要研究素材之一，在「蔣介石日記」開放後使相關素材更趨近完整，確實為民國歷史研究注入一定的驅動力。國史館收藏部分，在數量、公開開放部分，為學術界提供相關研究基礎史料之正面意義自不待言。而國史館《國民政府》檔案和《蔣中正總統文物》檔案，也經常是研究民國軍事政治歷史者研究及運用的基本史料之一。

　　《國民政府》檔案係總統府於 1961 年 8 月至 1996 年 12 月，分五批次移轉進國史館。前四批移轉之檔案中有關抗戰勝利以後的檔案，因當時內外情勢，被視為事涉敏感或以時代距離太近為由，而在數次移轉過程中被總統府抽存。其後因「總統府組織法」修訂，加上時空環境改變，總統府重新審視這批檔案，認為純屬歷史檔案，理應開放提供學者使用研究，於 1996 年 12 月將最後一批檔案移轉到館供典藏。國史館經分類整理後，共計分為總類、主計、人事、行政、內政、外交、國防、財政、教育、司法、經濟、交通、衛生、新聞、其他共 15 大類，編成 7,086 卷，建置 7,086 筆目錄資料及

掃描 1,134,746 頁影像圖檔。檔案內容涵蓋國民政府時期經歷的內憂外患及其推行重大建設的珍貴史料，期間自 1925 年 7 月至 1949 年 6 月，包括有關國家重大決策之制定與各項指令之頒布，皆有詳實紀錄，屬決策型的檔案，具有重要學術研究參考價值。全宗檔案自 2016 年 8 月 24 日起開放數位檔案，提供讀者於網際網路閱覽；少部分案卷涉及個人隱私者，採取申請應用方式處理。[1]

　　本書依據史料，即為國史館庋藏《國民政府》檔案之〈蔣中正手令及批示〉系列，依原文錄入。這一系列檔案，最早產生時間在 1928 年 3 月 14 日，最晚一件產生時間在 1958 年 9 月12 日，這系列檔案內容多與政治、軍政、人事相關。主要時段集中在1928-1931、1939-1948 年間。

二、什麼是手令？

　　張瑞德曾撰寫〈遙制——蔣介石手令研究〉一文，[2] 指出民國國家高層的文書制度大致上沿襲前代，蔣介石親筆手書雖不一定為正式官印發布命令，對收受令者仍具有一定拘束力。而手令經收受者抄錄內容存記憑辦後，仍須繳回原紙供幕僚長收存，這也就是今日研究者可見由蔣介石親書文字、以及幕僚辦理流程意見討論浮

1　行政院國家發展委員會檔案管理局檔案資訊整合查詢平台，https://across.archives.gov.tw/naahyint/intro.jsp?id=DB3171，檢索時間：2020/2/5。

2　張瑞德，〈遙制——蔣介石手令研究〉，《近代史研究》，2005年 5期（2005年 9月），頁 27-49。

簽內容之因。否則，相關手令未經整理、保存，散佚就
是不可避免的結果。在國史館《蔣中正總統文物》中由
蔣介石親筆撰寫函稿、電稿或諭令即是所謂〈籌筆〉。
在中國國民黨文化傳播委員會黨史館《國防最高委員會
檔案》內，收存蔣介石相關黨務資料之手令批示即所謂
〈委員長手批案牘〉（1929-1947）。[3]〈籌筆〉、〈委
員長手批案牘〉、《國民政府檔案》之〈蔣中正手令
及批示〉可說是臺灣現有蔣介石手令、批示檔案匯集
所在。

　　張瑞德指出蔣介石批閱檔案或者下達手令，通過侍
從秘書，分別送交侍從室第二組（主管軍事參謀）、第
四組（處理政治、經濟、外交、黨務等有關業務，以及
蔣介石交辦的其他機密案件、文件保存），兩組根據蔣
介石的批示或手令，以其名義發布命令。有些帶有通令
性質的重要文書或指示，常由陳布雷或陳方起草，而以
手令的形式發布；也有的是由將介石本人口述，經侍從
秘書記錄整理，再由陳布雷作文字修正，由侍從秘書代
書，最後由蔣介石簽名，交侍從室承辦。侍從室是1930
年代蔣介石駐節南昌指揮江西剿共時成立，原為一批隨
蔣介石奔走參謀、秘書與譯電人員，處理各類函件公文
之任務編組。隨著蔣介石軍事政治權力日增，1936年
1月侍從室改組為三個處與侍衛長室、參事室：侍一處
負責軍事、情報業務；侍二處則處理黨務、政治業務為

3　劉維開，〈國防最高委員會的組織與運作〉，《國立政治大學歷
　　史學報》，期21（2004年5月），頁141-142。

主；1939 年底成立的侍三處則是人事調查、考核業務；
侍衛長室即蔣介石之警衛單位；參事室乃研究專門性內
政外交問題以供蔣介石參考。1945 年 8 月 14 日，日本
宣布無條件投降。1945 年 10 月 1 日侍從室正式結束。
相關業務移由參軍處警衛室、國民政府文官處辦理。所
以，這批集中在 1930-1940 年代的手令由侍從室、國民
政府文官處收存，整編進國民政府檔案內，就是依循
制度之結果（分布結果見表 1）。〈委員長手批案牘〉
（1929-1947），則是由蔣介石交國防最高委員會秘書
廳按年彙整保存，[4] 應在此予以說明。

表 1 　《國民政府檔案》〈蔣中正手令及批示〉
年份分布表

年份	1928	1929	1930	1931	1935	1938	1939	1940	1941
數量	5	8	23	44	1	1	12	6	27
年份	1942	1943	1944	1945	1946	1947	1948	1949	1958
數量	27	65	15	46	14	39	24	1	1

附註：年份不詳者 6

三、手令內容簡介

　　從手令內容，可以反映出蔣介石本人的關懷所在。
本書所蒐羅《國民政府》檔〈蔣中正手令及批示〉顯
示，手令批示至少含括人事任免、首都市政、手令是否
獲得執行之追蹤等。
　　在人事任免類，從任免政府機構內委員、參事，

4　劉維開，〈國防最高委員會的組織與運作〉，頁 141。

到 1930 年代前期取消政府通緝王揖唐、許崇志等反蔣
異議者，以及 1947 年設想國民政府委員人選納入顧孟
餘、宋慶齡等，都顯示蔣介石在人事任免上有其功能、
政治現實考量。王子壯曾在個人日記針對 1930 年代蔣
介石政治作為逐漸表現全國領袖特質觀察：「蓋吾國社
會複雜，歐美殊異，惟因彼深知社會紛雜，不能悉衡外
國理想，故有各方面之活動，以適應此社會。閻、馮有
實力，先挫其鋒，再加以攏略；廣東有所要求，於彼承
認中央下可以多所犧牲，即昔之遇張學良等，莫不皆
然。總之蔣之為人，除勇於負責、不辭艱苦、力爭上游
為其具有領袖之特色外，在政治方面講，實為一最實際
的政治家，故卒能於全國中有今日之地位也。」[5]

　　蔣介石對首都市政關注並非一頭熱，而有一貫性。
蔣介石在「日記」中所謂「車遊」（如「下午批閱，晚
傍約妻車遊，以其用腦過度為慮。」「下午與妻車遊
廣陽壩附近回寓」[6]），此類在首都周遭亦公小私之巡
視，可目睹市容實況。[7] 從首都衛戍司令、警察局長任
命，再到戰時首都重慶市容整潔、防空洞衛生、巷弄民
居清潔到節慶懸掛國旗整齊劃一，都成為蔣介石下手令
交重慶市長賀耀組辦理事項。為謀求戰時通訊順利運
作，蔣介石也會要求負責其事之張嘉璈要督責辦妥相關

5　王子壯，《王子壯日記》（臺北：中央研究院近代史研究所，
　　2001），冊 2，1935 年 11 月 16 日，頁 509。

6　〈蔣介石日記〉，原件藏於美國史丹佛大學胡佛研究所，1940 年
　　5 月 21 日、1942 年 4 月 12 日條。

7　陳立文，《蔣中正的生活拾趣》（臺北：國立中正紀念堂管理處，
　　2015），頁 112-115。

電訊業務，以免延誤時效。放在中國對日作戰大環境下，是可以理解為求資源調度集中，由領導者親自下令表示重視之由。蔣介石發給重慶市長、警察局長相關手令批示出現，既顯示重慶成為戰時首都之重要意義，以及南京國民政府從1930年代中期在追剿中共軍事部隊時，中央勢力逐漸進入四川，將四川由邊陲朝向「中央化」發展歷史進程，手令及批示正為該進程之縮影。

有關手令執行追蹤，或可從兩份批示見諸一二。一是針對重慶市政交通與行政手令分類，這份手令表示「十年來凡市政員警交通與行政有關各手令，應即分類編輯呈閱，尤其是市政與員警之手令更應從速抄編為要。」[8] 這意謂蔣介石認為有關市政警政、交通行政相關手令指示並未過時，可經過整理編輯後彙整抄錄作為內部參考資料。此一手令在辦理過程中，陳布雷回報侍從室研究後遵辦。[9] 這或可看成蔣介石想追蹤有關地方事務的心思之一。此外，從1940年12月1日，蔣介石在重慶中央訓練團黨政班演講，[10] 提示行政三聯制大綱：「行政三聯制，即是『計畫、執行、考核』。」以三聯制觀點言，他想從身邊事務起力行並落實行政三聯制是可以勾連的。

另一份屬內部統一手令名稱指令及其研究辦理過

---

8 〈指示陳布雷行政相關各手令應分類抄編呈閱〉，1941年6月14日。
9 〈指示陳布雷行政相關各手令應分類抄編呈閱〉，1941年6月14日。
10 蔣介石，〈建設基本工作——行政三聯制大綱〉，秦孝儀主編，《總統蔣公思想言論總集》（臺北：中國國民黨中央委員會黨史委員會，1984），卷17演講，頁525-548。

程，也可供參。當蔣介石表示「手啟各條」不可用「手令」名稱，經賀耀組、陳布雷研究後，由陳布雷表示詳細因應處理辦法：「（一）對於直屬各單位，得用『手諭』字樣代替之。（二）對於非直屬單位，可用『手啟便函』或『手條』等字樣，絕對不用『手令』或『手諭』。」[11] 此一以「直屬單位」、「非直屬單位」劃分名稱方式，至少是在蔣介石拋出問題之意向基礎上，再為兼顧受令者重視程度、機敏文件處理而成之研辦方式，側面顯示幕僚長職責重大，以及是否受到領導人信賴，是其處事關鍵。這和蔣介石在行政三聯制提及幕僚長角色重要，也不謀而合。而為求做到考核，在書面審查外做到實地考核，蔣介石即指示「侍從室目前考核各機關辦理中手令之方法，大多限於書面，但各機關實際是否遵辦，與其辦理是否實在，則仍未加考察。以後應另設機構或指定專員，使負複查之責，隨時派其至各機關抽查，使命令得以貫澈。其詳細辦法，希即會商擬具呈報為要。」[12] 在戰時中國政府內嘗試應用現代化行政管理觀念進行管理，也可由此見到初期開端。

四、結語

本書讀者面對這些蔣介石親自決定或者拋出問題想法的手令，有些內容今人讀來或覺瑣碎細微，而不由得萌生懷疑：為什麼蔣介石大小事都要管？1932 年 11 月

---

11 〈指示賀耀組等以後發各機關之手啟不可用手令名稱〉，1942 年 12 月 4 日。
12 〈指示林蔚等擬具考核各機關辦理手令辦法〉，1943 年 7 月 13 日。

18 日胡適與蔣介石首度見面，即贈予《淮南王書》要
蔣介石「無為而治」，不要事事干預。1935 年 7 月 26
日，胡適致信羅隆基，認為蔣介石管得太多，「微嫌近
於細碎，終不能『小事糊塗』」。漢口初見蔣介石，送
書便「意在請他稍稍留意《淮南》書中的無為主義的精
義」。[13] 這並非短期突發情況，實有跡可循，或許終蔣
介石一生也都在拿捏分寸與反省。而在戰時新聞檢查規
制下要求檢閱內容之外，報紙大小標題亦需檢閱，要求
教育部長中學大學入學及畢業科考試國文科命題納入
《中國之命運》等，以今日觀點言均涉及言論、思想自
由界限，蔣介石個人於此侷限自需讀者理解及正視。

　　一如易勞逸（Lloyd Eastman）為代表以為蔣介石
以手令越級指揮，是毀壞體制的表現。黃仁宇以為蔣介
石以手令越級指揮，乃是其「人身政治」的延長，企
圖以士氣、人心取代制度。這兩種說法共通處在於以
為蔣介石實施人治，未能尊重制度；均將發布手令等
同越級指揮。張瑞德因此提出修正之說，指出：蔣介
石發手令為戰爭時期的權宜措施，1950 年以後所公布
手令大為減少，很難擴張解釋為蔣介石存無視體制之
心。而中國當時有越級指揮作戰毛病者，也非僅蔣介
石一人，是普遍現象，甚至在戰時中國艱困的物質環
境下，如無最高領袖出面處理，似乎無法進行調度，

---

13 〈胡適致羅隆基函〉，1935 年 7 月 26 日，收入胡頌平編，《胡
　　適之先生年譜長編初稿》（臺北：聯經出版公司，1984），冊 4，
　　頁 1399-1400。

很難找到更好的選擇。[14]

　　因此，蔣介石批示及手令，剛巧是中央領袖眼中所見民國中央及地方政治社會鏡象，和民國歷史文化學社相關出版物如《陳布雷日記》、國史館出版《蔣中正總統事略稿本》等相互參照閱讀，針對上層人物視角所見，當有補充發明之用。

---

14 參見張瑞德，〈遙制——蔣介石手令研究〉相關討論。

編輯凡例

一、本書收錄文件均出自國史館庋藏《國民政府》全宗
　　之〈蔣中正手令及批示〉系列，依原文錄入。

二、本書書名「遙制坤輿」，所謂「遙制」，最早見
　　諸《魏書·爾朱榮傳》，謂：「榮身雖居外，恆遙
　　制朝廷，廣布親戚，列為左右，伺察動靜，小大必
　　知。」晚近如《清史稿》也有「防務為治臺要領，
　　轄境太廣，則耳目難周，控制太寬，則聲氣多阻。
　　至山後中、北兩路，延袤三四百里，僅區段所設碉
　　堡，並無專駐治理之員，前寄清虛，亦難遙制」
　　（地理志·臺灣）、「至官辦、民辦、商辦，應如
　　何統轄彈壓稽查之處，朝廷不為遙制」（食貨志·
　　鑛政），可見「遙制」有「政治或軍事上位者不在
　　事發現場而發號施令」之意涵。

三、為便利閱讀，異體字、俗寫字等皆改為現行字，平
　　抬、挪抬等書寫格式，一概從略。無法辨識文字以
　　■表示。

四、本書改原件豎排文字為橫排，原文中提及「如左」
　　（即如前）、「右列」（及如後）等文字皆不予
　　更動。

五、如在手令與簽呈主文及批示外，另有辦理過程幕僚
　　回報、建議文字，則以楷體標示。如為原件上浮貼
　　之簽條，另於文前以〔浮簽〕標示。

六、本書文件依時間遞次排序，文件產生時間如不明
　　確，一律置於書末，並以註釋說明文件推定產生
　　時段。

七、本書註釋均為編註，舛誤之處，敬祈方家指正。

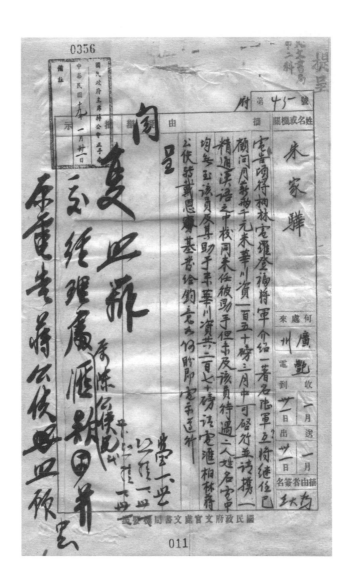

0356

備註　國民政府主席蔣公印

中華民國　卅一月廿一日　示

第 四五一 號　附

姓名或機關　朱家驊

摘　由　　摘

來處何　廣州艷電　收　一月廿日　送　一月
出　廿日
摘由簽者名　玉衡

宣喜洞得柯林電羅登福將軍介紹一著名陸軍五將維佐已
顧問月薪約兩千元未華川資一百五十磅三月中可招符並請攜一
精通英語之中校同未任彼助手俾來及該員待遇二人姓名官中
均悉玉該員及其助手來華川資共二百七十磅請電滙相林將
公俟詩戴恩曹基著給鈞言如何助即電示遵行

呈

夏

國民政府文官廳文書局傳繕紙

011

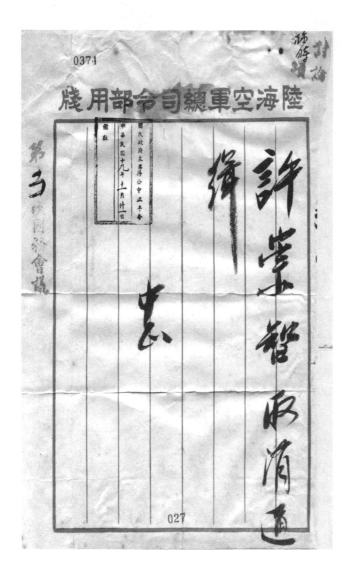

0374

陸海空軍總司令部用牋

許崇智取消通緝

國民政府主席蔣公中正手令
中華民國十九年十二月廿一日

備註

第三號國務會議

027

0414

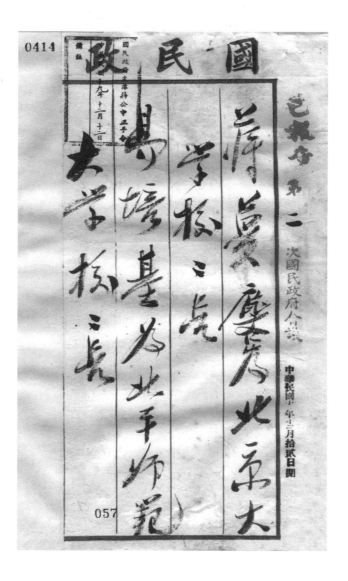

057

03　　　0500

2458　　　機秘（甲）第4○4號

康處長

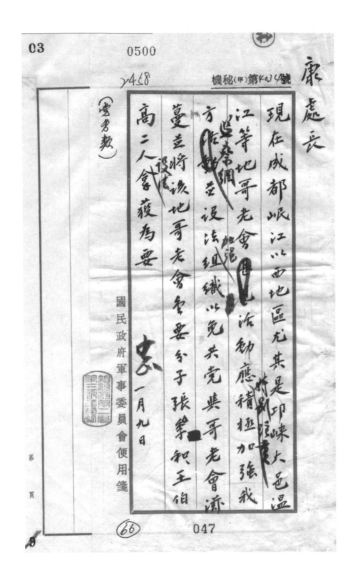

現在成都岷江以西地區尤其是卭峽大邑溫
江等地哥老會甚為活動應積極加強我
方活動並設法組織以免共黨與哥老會流
蔓並將該地哥老會重要分子張榮和王伯
高二人會獲為要

中　一月九日

（譯另稿）

國民政府軍事委員會便用箋

第　頁

⑯　047

王副教育長

官長對學員說話行
動應自重自勉此項令
附各⋯附中有力教
高参說

不識大体⋯國民政府軍委員會便用箋

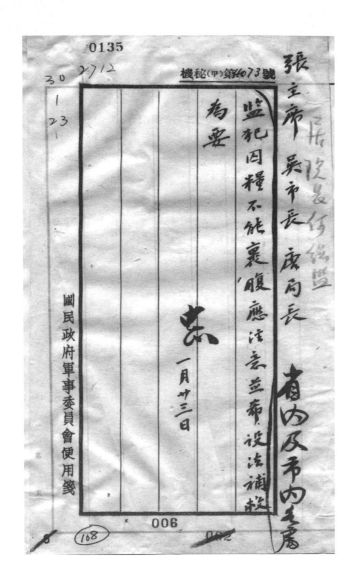

0135

30 2712

1 23

機秘（甲）第673號

張主席 吳市長 唐局長

院長何鍾盟

省內及市內各屬

為要

監犯囚糧不能裹腹應注意並希設法補救

中

一月廿三日

國民政府軍事委員會便用箋

006

168

002

0148

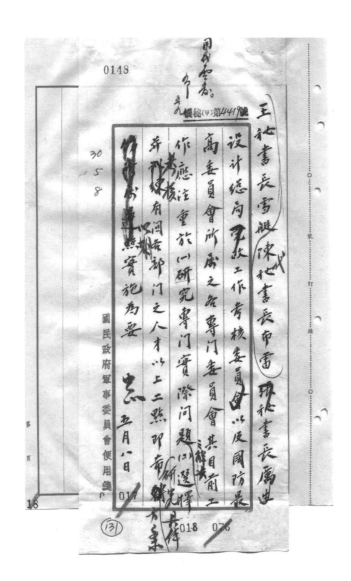

國民政府

戌九慶秘(甲)第441號

30
5
8

王地書長雪艇陳地書長布雷瑞地書長屬此

設計總局之政工作考核委員會以及國防最

高委員會所屬之各專門委員會其目前工

作應注重於(一)研究專門實際問題(二)選擇其

弊刻練有閱歷部門之人才以上二點即布雷方東

作為核有閱歷部門之人才以上二點研究

竹竹兄詳照實施為要

中正 五月八日

國民政府軍事委員會便用箋

(131)   018 076

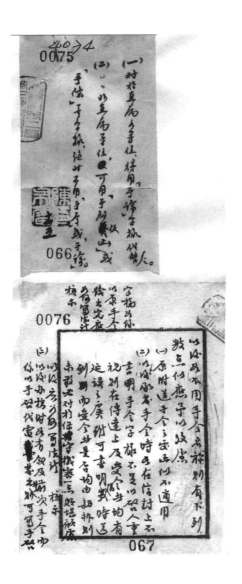

0075 40刁4

066

0076

067

（一）對於真屬之手令，須有「手諭字樣」以資證。

（二）如非真屬手令，可有「手函親啟」或「限函」字樣，

「手函」手令字樣，絕對不用「手令」或「手諭」

（一）原附送手令之密函仍不適用

數點如何應予以放寬

（二）書明手令字樣不另以密人重

（三）你以各方面對於保管字據一事照辦理

0077

機秘(甲)第7215號

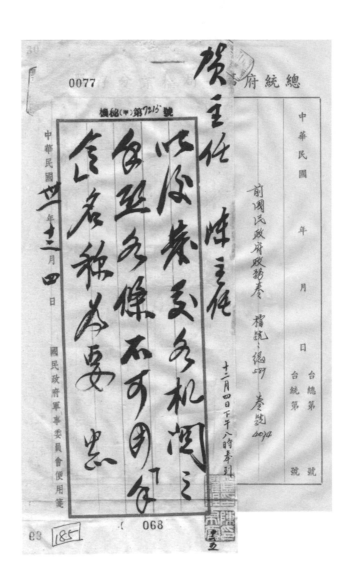

賀主任 性主任

收復榮受各机關之
食延各條不可用食
食各稱為要 忠

中華民國卅一年十二月四日

國民政府軍事委員會便用箋

中華民國　年　月　日

前國民政府政務處　檔號：總587卷號4074

台總第　號
台統第　號

十二月四日下午八時奉到

0485

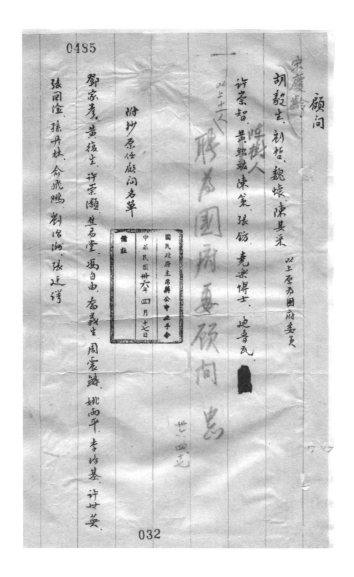

顧問

宋慶齡

胡毅生、劉哲、魏懷、陳其采
以上原為國府委員

許崇智、黃紹竑、陳策、張訪、麥萊博士、妯魯瓦

陳樹人

以上十八人

聘為國府亜顧問名單

附抄原任顧問名單

鄧家彥、黃復生、許崇灝、笪易堂、馮自由、喬義生、周震鱗、姚雨平、李烞基、許世英

張同淦、孫丹林、俞飛鵬、劉治洲、張廷諤

國民政府主席蔣公中正手令
中華民國卅六年四月十七日

備註

032

目錄

1928 年 3 月 14 日
任黎琬為侍從秘書
委黎琬（現任總部秘書）為侍從秘書。

中正

1928 年 3 月 28 日
任何應欽兼代參謀本部參謀總長
請任何應欽兼代參謀本部參謀總長。

中正

送國府文官處辦。

吳思豫　　三月廿八日

1928 年 10 月 26 日
任蔣鋤歐、楊虎為參軍
任蔣鋤歐、楊虎為參軍。

中正

1928 年 11 月 2 日
任田士捷、陳光組為參軍
委田士捷、陳光組為參軍。

中正

1928 年 11 月 2 日
任黃振興為參軍
委黃振興為參軍。

1929 年 3 月 13 日
指示學校應改委員制教導營暫不併入軍校

學校將改委員制，教導營暫不附入軍校，仍如昔日之軍官團，以獨立為宜，以免將來再改。何如？

中正　三、一三

照改。

何應欽　十八、三、十四

1929 年 5 月 25 日
指示中央軍政機關缺額暫時不補

令各部代理部長：

中央軍政機關參謀部、訓練部、軍政部等缺額暫時不補，必先待政府核准然後呈報為要。

蔣中正

1929 年 6 月 24 日
任閻錫山為西北宣慰使

請委閻錫山為西北宣慰使兼辦軍事善後事宜。

中正

速辦。奉主席諭即日發表，用文官處名義錄令電達閻宣慰使，並報告政治會議。

郝　六、廿一

決議照辦。

郝

1929 年7 月23 日
任閻錫山等為西北邊防司令長官等
請特任閻錫山為西北邊防司令長官。

明日始可發表。

芬

任李鳴鐘為編遣委員會遣置部主任。

今日發表。

芬

蔣中正

1929 年9 月9 日
批古應芬呈俞作柏父喪請假省務由李明瑞代
古應芬南京來微電

大意：俞作柏主席以父喪請假一月，省務由李明瑞代。

批示：復電吊唁，並准在南寧治喪，不必回籍丁憂。交
文官長。

1929 年10 月25 日
任顧清選為軍事參議
第四八次國務會議　討論一項

顧清選為軍事參議。

蔣中正

1929 年 12 月 2 日
指示西北討逆各軍歸閻錫山指揮

對於西北討逆各軍概歸閻副司令負責指揮，希各遵照。

蔣中正　十二月二日

1929 年？月？日 [1]
任毛光翔、李仲公等掌貴州省政府

毛光翔　主席

李仲公　民政

竇居仁

馬空凡　財政

李雁賓

馬明亮

胡剛

中正

1　按毛光翔、李仲公人事任命於 10 月 2 日公布，見《國民政府公
　　報》，第 285 號（1929 年 10 月 3 日），頁 12。此一手令產生時
　　間最遲當在 1929 年 10 月 2 日之前。

1930 年 1 月 11 日
任詹旭初為軍事參議
請任詹旭初為軍事參議。

中正

1930 年 1 月 17 日
任靳雲鶚為上將軍事參議
第五九次國務會議　討論一項

請提靳雲鶚為上將軍事參議。

蔣中正

決議照准。

照准。

芬代。　一、十七

1930 年 1 月 18 日
任馬吉第為軍事參議
馬吉第為軍事參議。

蔣中正

1930 年 1 月 24 日
指示取消通緝王揖唐
王揖唐取消通緝。

蔣中正

1930 年 1 月 31 日
批朱家驊電羅登福（Erich Ludendorff）另派顧問來華

朱家驊廣州來豔電

摘由：電告頃得柏林電羅登福將軍介紹一著名陸軍中將繼任巴顧問，月薪兩千元，來華川資一百五十磅，三月中可啟行。並請攜一精通漢語之中校同來，任彼助手，但未及該員待遇。二人姓名電中均無，至該員及其助手來華川資共二百七十磅，請電滙柏林蔣公使轉戴恩基發給。鈞意如何？盼即電示遵行。

擬辦：呈閱。

瑩　一、卅一

照准。一、卅一

照准。芬代　一、卅一

批示：復照辦，交經理處屬陳公俠兄滙款，並原電告蔣公使照顧。

中正

1930 年 1 月 31 日
令將首都警察廳廳長撤職查辦

首都警察廳內汙穢腐敗，且街口巷內到處任人便溺，私娼煙燈充斥，警察不加干涉。如此警政，非將該廳長嚴懲，不足以戒官方，著將該廳長撤職究辦。此令。

蔣中正　一月卅一日

任命吳思豫為首都警察廳之長。

1930 年 2 月 2 日
任俞濟時兼警衛旅旅長

委任俞濟時兼警衛旅旅長。

蔣中正　二月二日

1930 年 2 月 25 日
任夏斗寅兼武漢警備司令

任命夏斗寅兼武漢警備司令。

蔣中正

1930 年 3 月 7 日
任孫星環、王葽、孫伯文為正副司令

第六六次國務會議

委任孫星環為鎮海要塞司令，調王葽為江寧要塞司令，調孫伯文為首都衛戍副司令。衛立煌另有任用。

中正

1930 年 3 月 14 日
批韓復榘電請任郝國璽、李樹椿為參謀次長

韓復榘鄭州來參寒（14）電

大意：蒸申電所示參謀次長，如李廳長能承乏，鈞座甚同意等因奉悉。查李如能供職中央，更可促職部與中央之深切結合。祈主持辦理為禱。

批示：郝國璽、李樹椿為參謀次長，請朱總長酌核。

中正

1930 年 4 月 14 日
任方鼎英為軍事參議

方鼎英軍事參議。

中正

1930 年 4 月 14 日
任張之江等為江蘇清鄉督辦等

特任張之江為江蘇清鄉督辦，李鳴鐘為豫鄂皖邊防清鄉督辦。

中正

第二科登記後，人事科主辦。

1930 年 4 月 16 日
任石陶鈞為軍事參議

請任石陶鈞為軍事參議。

中正

由總部津貼五百元。

中正

任狀送譚院長轉交，津貼可通知石參議每月向總部經理處領。

1930 年 5 月 19 日
任趙以寬為兵工署委員

任命趙以寬為兵工署委員。

蔣中正

即辦。

芬

1930 年7 月11 日
任于學忠為平津衛戍司令

第八十四次國務會議　報告三項

特任于學忠為平津衛戍司令。

蔣中正　四日

1930 年10 月25 日
任劉鎮華為豫晉陝邊防督辦

特任劉鎮華為豫陝晉邊防督辦。

中正

速。第二科登記後送人事科主辦。

錢卓倫

1930 年11 月21 日
指示取消通緝許崇智

許崇智取消通緝。

中正

1930 年 12 月 1 日
批韓復榘電請任姜超嶽為國民政府文官處參事

為簽呈事項，山東主席韓復榘巧電保姜超嶽為國民政府文官處參事等情到府。查本府文官處參事規定每省各保一人，山東省前任主席陳調元保有成濟安一員，現在府供職，今韓主席又保姜超嶽，無缺可補。理合查案簽陳，伏乞鈞核示遵。

黎承福簽呈　十二、一

批示：照准，派姜往濟南為黨務工作。

中正

芬照准代　十二、一

已報告第二次國民政府會議。

中華民國十九年十二月拾貳日開

1930 年 12 月 1 日
任免陳光組、邱鴻鈞、上官雲相、石陶鈞參軍職

參軍陳光組、邱鴻鈞另有任用，各免職。請任上官雲相、石陶鈞為參事。

中正

1930 年 12 月 11 日
任李書華為教育部政務次長

任李書華為教育部政務次長。

中正

1930 年 12 月 12 日
任蔣夢麟等為北京大學校校長等
蔣夢麟為北京大學校校長。

易培基為北平師範大學校校長。

已報告第二次國民政府會議。

1930 年 12 月 12 日
指示教育部長高魯未到任前由蔣中正兼理部務
教育部長高魯未到任以前，由行政院長蔣中正兼理部務。

已報告第二次國民政府會議。

1930 年 12 月 29 日
任劉大鈞、潘序倫等為主計處籌備委員
一、劉大鈞、二、潘序倫、三、秦汾、四、楊汝梅、
五、吳大鈞為主計處籌備委員。

蔣中正

1931 年1 月5 日
批國民政府紀念週講詞

國民政府紀念週　一月五日

蔣主席演講辭

　　各位同志：今天是民國二十年的第一次總理紀念週，略有幾句話，和各位講一講：我們今年應該要辦的事，在去年的四中全會，已經都決定了。回想到四中全會的議決案，是如何的重大而急切！我們無論如何，在今年一定要完全做到的，完全實行的，我們大家必須努力的按著四中全會的決議，一件一件的做去，必須有一個很好的結果。

　　關於今年最重要的工作，不外乎兩件事；這兩件事，無論如何，是必定要完成的，是什麼兩件事呢？一件是召開國民會議；一件是廢除不平等條約。這兩事，是連貫一氣的，我們準備開國民會議，也就是為廢除不平等條約的先聲。我們看到這兩件事，是如何的重大！如何的需要！我們必須切實的做去，不能只是放任在口頭講了就算事的，務須大家共同努力，奮鬥到底。在今天這個星期開始，我們格外要振作精神，努力奮鬥下去，務使國民會議在今年五月間如期開成，同時要全國國民同心協力來作不平等條約的工作。

　　還有一件重要事情，我先前在中央黨部已經說過大略，就是我們中國現在的危險情形，即在我們的前面，並且馬上可以看得見的，亦就是中國民族的生存與獨立，也即在我們的眼前。如果我們的國民，我們的政府同人，想要避免了這種危險，而要求民族的生存和獨

立，便須想想這兩件事，是不是需要的，如果是覺得需要的，我們便要努力促其實現，那麼才可以避免這種危險，才可以促進民族的獨立。如果我們覺得不需要，聽之任之，那麼，這種危險是沒有方法可以消滅的，甚或至於民族因此滅亡，這是我們可以看得見的。

最近我們看到世界第二次大戰的危機，已是充分成熟，這次大戰，一經爆發，不獨是法意兩國免不了的大危險，就是如英美日本各國，也必定會要轉入漩渦的，也許英國竟由此滅亡，亦未可知。我們中國自然是始終倡導和平，希望中國之自由獨立，可是一旦歐洲大戰開始，中國也免不了為這種危險所影響，所以我們為消弭戰爭，謀世界之和平，求中國之自由獨立起見，便不得不努力設法來防免這種危險。如果現在我們不努力，到了臨時再來設法，已是來不及了。

這■世界大戰，如果爆發了，比從前的那次歐洲大戰，更為可怕，更為危險。但是我們相信我們的黨，我們的政府，我們的民眾，一定是很努力的設法來防止這種危險的，因為我們如果不努力，這種危險決不能避免了，就是廢除不平等條約的工作，也無從做起了。我們要明瞭，民國二十年，是我們中國國民黨國民革命軍在死中求生的時候，我們必須努力奮鬥到底，才能完成我們革命的使命！

批示：這篇記錄完全聽錯。不會聽話的人，以後再不要擔任記錄工作，貽誤事情。

中正

諒奉到，記錄免職照辦。

一、六

1931 年 1 月 5 日
任徐思陶為秘書
徐思陶為國民政府秘書。

中正

今日發表，補王秘書缺。

1931 年 1 月 8 日
任譚伯翊為秘書
委譚伯翊為隨從秘書。

中正　一月八日

（前隨從秘書李潯之另有任用。）

1931 年 1 月 16 日
任林競為西寧省參事
委林競為西寧省參事。

中正　一月十六日

1931 年 2 月 1 日
任熊彬為國民政府參事
任熊斌為國民政府參事。

中正　二月一日

送國府辦。

1931 年 2 月 6 日
任劉冕執為參事
委劉冕執為國府參事。

中正　二月四日

1931 年 2 月 10 日
任陳屺懷為參事
陳屺懷為國府參事。

中正　二月十日

1931 年 2 月 12 日
任姚以價為軍事參議院參議
任命姚以價為軍事參議院參議。

中正

1931 年 2 月 16 日
派馬福壽、陳賓寅為國民會議代表寧、綏選舉總監督
派馬福壽為國民會議代表寧夏省選舉總監督。

派陳賓寅為國民會議代表綏遠省選舉總監督。

中正

1931 年 2 月 25 日
任沈礪為國民政府秘書
調任沈礪為國民政府秘書。

中正

1931 年 3 月 13 日
派區芳浦為國民會議代表廣西選舉總監督
第十四次國民政府會議　報告四之八項

派區芳浦為國民會議代表廣西選舉總監督。

中正

1931 年 3 月 16 日
批李文範電因病辭去立法院秘書長職
李文範廣東來刪電

摘由：電稱患病醫勸休養，懇准予辭去立法院秘書長一職，俾得專心調治。

擬辦：呈閱。

健

三、十六

照准。

芬代　三、十六

批示：李秘書長君佩兄勛鑒：刪電悉。貴恙如何，無任余念，當此國基未定、革命未成之際，端賴兄等盡力黨國，以竟全功。如兄等在京，則此次約法問題或不致發生內潮，請兄勿以個人感情而忘黨國也，尚希即日回京消假任事，不勝盼切。

中正叩

1931 年 4 月 2 日
任樊象離為參事
樊象離為參事。

中正　四月二日

1931 年 4 月 24 日
派葉楚傖辦理國民會議秘書處籌備事宜
第二十次國民政府會議決議

特派葉楚傖辦理國民會議秘書處籌備事宜。

中正

1931 年 4 月 30 日
任免程天放、李仲公等職務
程天放另有任用，辭職照准。

李仲公辭職照准，委任李仲公為安徽省府委員兼教育廳長。

派郭外峰為招商局專員。

中正

1931 年 5 月 1 日
任宋子安為國民會議秘書處秘書
派宋子安為國民會議秘書處秘書。

中正

1931 年 5 月 2 日
任史維煥、史尚寬等人為國民會議代表招待員
簡派史維煥、史尚寬、蕭同茲、齊世英為國民會議代表招待員。

中正

請主席核定。

遵辦。

芬照准　五、二

1931 年 5 月 15 日
任馬超俊為歐美各國勞工考察專員

派馬超俊為歐美各國勞工考察專員。

中正

奉諭分令財政、審計兩部核發旅費洋貳萬元。

百　五、一五

1931 年 6 月 3 日
任魯魯山為國民政府文官處參事

任魯魯山為文官處參事。

中正

1931 年 6 月 5 日
指示連聲海代理鐵道部部務

著連聲海代理鐵道部部務。

中正

1931 年 6 月 5 日
任熊彬為國民政府參軍

調熊斌為國民政府參軍。

中正

上官雲相已另有任用，免職。

1931 年 6 月 8 日
任金樹仁為新疆邊防督辦
特任金樹仁為新疆邊防督辦。

中正　六、六

1931 年 6 月 19 日
任陳名豫為國府參事
陳名豫　山東省參事、前山東省政府委員兼工商廳長

國府參事。

中正

1931 年 6 月 19 日
任唐慶珊為軍事參議院少將參議
委唐慶珊為軍事參議院少將參議。

中正

1931 年 9 月 5 日
指示呂苾籌代理文官長
葉代文官長不在京期內，文官長任務由呂秘書長代拆

代行。

中正

1931 年 9 月 6 日
任吉鴻昌為軍事參議院上將參議
任命吉鴻昌為軍事參議院上將參議。

中正　九月六日

即刻發表，明日登報。

1931 年 9 月 7 日
連聲海電辭鐵道部長職
署理鐵道部部長連聲海二十年九月七日密呈

事由：密呈陳明津浦路於用人購料，故意藐抗不遵部令定章，平綏路於調撥車輛，破壞定章，輒自主張，以及各路財政困難，已成各路不能維持，重要建設不能剋期進展完成各情形，既無由保持威信，又難期貫澈職務，實用疚心，密陳大概，伏乞鑒核，准予辭去鐵道部長一職，另簡賢能接替由。

批示：慰留，困難情形均由中正名義明令各路遵照定章，不得違反部令。

中正

1931 年 9 月 11 日
任孫渡、張維翰職務
孫渡為軍事參議院少將參議。

張維翰為國府參事。

中正　于右任

國民政府第十一次常會決議照辦。

1931 年 9 月 14 日
任劉驥為軍事參議院參議
任命劉驥為軍事參議院參議。

中正　九、十四

1931 年9 月18 日
任丁春膏為導淮委員
委丁春膏為導淮委員。

中正

1931 年9 月30 日
任陳銘樞為京滬衛戍總司兼代淞滬警備司令
明日公報發表任命陳銘樞為京滬衛戍總司令官兼代淞滬
警備司令。

中正　九、卅

1931 年10 月3 日
令外交部長施肇基未到任前由李錦綸代理
外交部部長施肇基未到任以前,著由政務次長李錦綸代
理部務。此令。

中正

1931 年10 月14 日
批賀耀組呈請任高霽為參議院參議
敬呈者:

總司令部參議高霽面稱,現值外侮紛乘,國事日亟,終
日閒居,有隳軍人天職,囑代懇鈞座調該員充任軍事參
議院中將或少將參議,俾得及時自效,用報黨國等情前
來。職以該員曾任黃埔軍事教官及第四十六軍師長、第
十師旅長,屢經戰陣,不無微勞足錄,可否賜准之處?
敬候鈞裁施行。謹呈

主席蔣

參軍長賀耀組呈　二○、一○、十四

批示：委為少將參議。

中正

1931年10月18日
批孔祥熙轉呈戴傳賢致蔣介石函

介兄主席鈞鑒：

頃季陶先生交來函一件，囑為轉呈。茲特奉上，敬希察
入為荷。敬頌

鈞綏

弟熙　十五日

批示：照准，委王應榆為軍事委員會委員。

中正

1931年10月30日
批顧祝同呈請調鄭洞國為警衛軍第一師第四團團長

總司令部十月二十九日公函

事由：據警衛軍軍長顧祝同呈，請調委陸軍第二師第六
旅副旅長鄭洞國為該軍第一師第四團團長，並將該原任
團長張本清調充該軍第二旅副旅長，請查照轉陳任命。

擬辦：呈閱。

十、卅　福

批示：張本清撤職查辦，餘照准。

中正

1931 年11 月6 日

批賀耀組呈請任李炳榮為參議院參議

敬呈者：

竊陸軍中將總司令部參議李炳榮學識俱優，秉性忠實，
前歲隨職辦理第二區編遣還京適奉減政停薪通令賦閒至
今，旅況艱窘。查該員供職廣東，夙著聲望，兩次任保
安司令維持本黨策源地，先總理屢嘉其賢，載在簡牘。
現值國步艱難，正宜儲材備用，擬懇任以參議院參議，
俾免閒散可惜，伏乞核准施行。謹呈

國民政府主席蔣

職賀耀組謹呈

批示：委為少將參議。

中正

國民政府第十九次常會決議照任命。

郝紀業

1931 年11 月7 日

任免黃惠龍、辜江發職務

黃惠龍辭職照准，任辜江發為參軍。

中正

國民政府第十九次常會決議照任免。

郝紀業

1931 年 11 月 8 日

任李培基為黃河水利委員會副會長王蔭餘為委員

提請國府任李培基為黃河水利委會副會長。

王蔭餘為黃河水利會委員。

1931 年 12 月 3 日

批何應欽呈請辭去剿匪職務

總座鈞鑒：

自總部辦理結束，職部事務日見繁多，職又離部日久，
一切亟待整理，所有江西剿匪事務實苦無力兼顧。昨曾
面懇鈞座准予辭去剿匪職務，當蒙俞允，曷勝感激。查
南昌行營現已改組江西綏靖公署主任一職，擬請鈞座另
委賢員接替，以專責成，如何之處？即乞鑒核明令發表
為禱。肅此敬叩

崇安

職何應欽謹肅

二〇、一一、三〇

批示：准委朱紹良兼江西綏靖公署主任可也。

中正

1931 年 12 月 11 日

任徐統雄為僑委會委員

委徐統雄為僑務委員會委員。

中正

1931 年 12 月 11 日
任劉郁芬為軍事參議院參議
特任劉郁芬為軍事參議院上將參議。

中正

1931 年 12 月 15 日
任唐襄為軍事參議院參議
任命唐襄為軍事參議院少將參議。

中正

1931 年 12 月 18 日
任劉汝賢為軍事參議院參議
請任劉汝賢為軍事參議員上將參議。

中正

國民政府第廿二次常會決議改任為中將參議。

森　十二月十八日

1931 年 12 月 20 日
批張學良電請委派張作相為東北邊防軍司令長官
張學良北平來刪秘電

摘由：電陳東北邊防軍司令長官兼職力難並顧，前經委派駐吉副司令長官張作相負責代理在案。現值邊防世間諸形喫緊，爰於寒日電委該副司令官正式接充，以專責成。伏乞鑒核，准予備案。

擬辦：呈閱。

翊　十二、廿一

批示：請林主席核奪，似可准予備案。

中正

查案辦理。

森　十二月三十一日

1935 年 1 月 9 日
指示康澤注意成都岷江以西哥老會活動

康處長：

現在成都岷江以西地區，尤其是邛崍、大邑、溫江等地
哥老會活動應特別注重，積極加強我方監察網，並設法
加強組織，以免共黨與哥老會滋蔓，並將該地哥老會重
要分子張季和、王伯高二人設法拿獲為要。

中正　一月九日

1938 年8 月3 日
派汪榮章為速記

陳主任：

派汪榮章為速記。

中正　八月三日

1939 年 3 月 10 日

指示陳布雷侍從室周佛海名義一律去除不得掛名

陳主任：

侍從室周佛海名義一律開除，不能再令其掛名。

中正　九日

〔浮簽〕擬通知銓敘廳免職（副主任）通報，並通知第
　　　　一組。

　　　　第五組組長當時是否有兼任命令，並請批示。

　　　　可以「侍從室第二處副主任兼第五組組長周佛海

　　　　離職他往，已解除其本兼職務，希辦理免職手

　　　　續為要」等語函知銓敘廳，一面通知第一組。

1939 年 4 月 7 日

指示黨政訓練班本年訓練計畫與人數及訓練科目

本年訓練計畫與人數

一、各省市及特別黨部各委員約千人

一、中央黨政各機關人員約五百人

一、青年團各省市幹部約千人

一、政工人員軍訓教官童軍幹部約千人

一、川黔陝甘湘鄂豫粵各省專員縣長約千人

一、各省之縣黨部書記約千人

一、訓練技術要目

　　甲、立案　分第一第二…

　　乙、設計　計畫　分方鍼指導要領、辦法、目的

　　丙、命令（方式）（要旨）報告與通報之要義與

方式、時地人縱橫的聯繫之要旨

丁、　策略　　現狀（實際）環境

路線　分析　結論　運用

戊、　人事整理考核　職業　階級　功過　成績

己、　徵求黨員之設計題目

職業、技能、年齡、性別

庚、　整理業務著眼與著手注重過去之缺點與弊端

辛、　鍛鍊幹部　測驗試驗　才識　膽量　能力

血性　良心（對酒色　財氣　官氣　大言）

條理　操守

壬、　常識之應道　因人、時、地、事

癸、　鬥爭技能與成績

二、檢閱項目

甲、　各項工作

乙、　人事

丙、　經費

丁、　組織

戊、　宣傳　社會環境之影響如何

三、訓練課目重點

甲、　組織

乙、　宣傳

丙、　訓練（指導）

丁、　管理

戊、　政治常識

己、　社會服務要則

庚、　民眾心理與環境之觀察及判斷

辛、　檢討每週每月經過之工作與成績

壬、　查考法規

癸、　製定辦事課程表格（時間項目）

　　　子、登記　統計

　　　丑、比賽　觀摩

　　　寅、審判　批示　擬稿

四、訓練種類（第一種）實際

甲、　精神（思想）

乙、　行動

丙、　生活

丁、　討論　小組會議　教學合一

戊、　實習　運用四權

己、　服務

庚、　測驗與判斷

辛、　邏輯　方法

壬、　指導　統御

癸、　理事　分工合作

五、訓練種類第二種（理論）

甲、　黨務　　主義

乙、　政治

丙、　經濟

丁、　社會　　　原理

戊、　教育

己、　心理

六、訓練方鍼

甲、　重考驗

乙、　重獎勵

丙、　重啟發　自覺自動自反

丁、　重親睦　互助合作

戊、　重公輕私　犧牲個人

己、　重秘密性

庚、　重秩序

辛、　重責任

壬、　重職務

二十八年二月十五晚收到，已油印分送訓練委員會及黨
政訓練班分別研究。

弟陳誠　二月十六日　重慶

布雷先生

1939 年 4 月 17 日

指示王東原應澈底追究失竊事件

王副教育長：

第二期很多學員在班內失竊，可知團內物品失竊更多。
此應澈底根究消弭，並於此十日內對各種雜役兵嚴格訓
練與施以精神教育。

中正　十七日

1939 年 4 月 19 日

指示王東原官長對學員說話應自重自勉

王副教育長：

官長對學員說話行動應自重自勉，上次分隊長與隊附中
有少數官長說不識大體與無常識之話。

中正　十九日

1939 年 5 月 12 日
准徐達與張允榮加入黨政訓練班任官長

朱秘書長、王代教育長：

准徐達（七九師之副）與張允榮（已在渝）加入黨政訓練班任官長。

中正　五月十二日

1939 年 6 月 2 日
指示王東原凡學員檢查身體有傳染病者應予隔離

王副教育長：

學員檢驗身體完畢後，凡有傳染者應分別另住為要。

中正　六月二日

1939 年 6 月 3 日
准孔令侃加入第三期黨政訓練班受訓

王副教育長：

茲准孔令侃同志加入第三期受訓，最好與華僑同隊，以其懂英文便於說話也。

中正　三日

1939 年 6 月 8 日
指示訓練班防空工具之準備與演習應定期實施

王大隊長：

訓練班防空工具（如沙包、鐵鈎、水桶等）之準備與演習應定期實施，今晚六時擬先約華僑五十歲以上之同志

在班內相見，又病腳者如能行動，亦可同時約見。擬明
日講習後先點第一隊學員名，請準備。

中正　六月八日

1939 年6 月8 日
准余紀忠加入黨政班受訓

王副教育長：

准余紀忠同志加入黨政班受訓可也。

中正　六月八日

1939 年6 月14 日
准卓獻書參加第三期訓練班受訓

王副教育長並轉袁秘書長：

准卓獻書參加第三期訓練班受訓。

中正　十四日

此人為汕頭人（懂潮汕閩南話），新由義大利陸大畢業
回來。

1939 年9 月27 日
批毛慶祥電報傳孔祥熙代表樊光秘密進行和平工作

職張治中、陳布雷呈　二十八年九月卅日

毛慶祥九月廿七日上海發往北平、漢口、沙面、東京、
天津電

內容摘要：敵傳樊光與褚民誼之接洽和平，據褚民誼廿
六日與清水談，最近孔祥熙代表樊光（目下在上海）曾
派遣人員向褚民誼通知，謂現在孔祥熙正熱心考慮和

平，甚望竹內亦與孔氏合作，從事和平工作云云。褚對
此事，謂孔之衷心，若希望和平時，只要馳附於竹內旗
下，竹內當然歡迎，此事惟須注意者，即主客不可顛倒
是也。若竹內參加孔之運動時，則當拒絕之，務須孔氏
參進竹內之運動云云。樊光對此事亦表示諒解，謂當從
速轉達孔氏，同時並謂必要時，樊自身亦將赴重慶云。
批示：此應即抄交孔院長知照，如再派樊光在滬，且與
漢奸私自談話，是成敗事實，應即令樊離滬。

1939 年10 月21 日
批孔祥熙電報樊光絕無在滬從事和平工作

職張治中、陳布雷呈　二十八年十月二十五日
孔祥熙馬機渝代電
內容摘要：電復樊光在滬任意活動一節並非事實，請查
照由。
哿川侍六代電奉悉，承示敵傳樊光在滬與褚民誼接洽和
平情報一件，所陳各節，均屬子虛，絕無其事，顛倒是
非，尤見敵偽之狼狽。又最近敵偽對於我方在滬情報人
員，蓄意破壞，意存排擠離滬，此點尤堪注意。除已嚴
令樊光注意言行外，究竟該項情報來自何處，尚祈根究
為禱。
〔浮簽〕按原報告係毛慶祥截獲之電，由上海發往北
　　　　平、東京者。謹註。
批示：此電確實可能偽造，樊光言行只有壞事，決不能
成事也。

可照此批示手啟代電覆。

布雷　廿八

1940 年 5 月 5 日
指示各省黨部人事科長應由中央委派
葉秘書長：

各省黨部人事科長應由中央直接委派，並擬訂其職權與
人事辦理之方法手續與其科長應負之責任等規條。

中正

1940 年 5 月 15 日
指示農本局與合作社下級幹部先由已受訓黨員中擇用
凡農本局與合作社各處辦事下級幹部務先在已受訓之黨
員中選擇，但須受各局社嚴格監督與考察，如有不盡職
之黨員，當以加倍之罪處治可也。

中正

1940 年 6 月 17 日
批越南空軍司令台維斯密稱刻正草擬抗倭計畫
張主任：

此件何處發出？此台維斯消息由何得來？為何未曾呈
閱？此種快郵代電是否直送？抑由郵局轉送？希澈究查
報，速呈勿誤。

中正　十七日

1940 年 8 月 28 日
指示林之夏返鄉薪水照發
福州陳主席：

林之夏君回里，其參議薪水仍照發，以資補助。

中正手啟。儉侍祕渝。

1940 年 9 月 6 日
指示張嘉璈提供谷春帆資料
張交通部長：

谷春帆在大公報發表驛運意見，其人經驗與能力如何？
現任何職？請查報。

中正　九月六日

張嘉璈　九、十

1940 年 10 月 25 日
批施泰乃斯（Walter Stennes）呈稱願續為中國效力
施泰乃斯顧問上蔣夫人譯文

敬肅者：

查本年四月四日，職承委員長批准告假，當時賴鈞座鼎
力調停，決定俟職遊美歸來，予以視察名義，繼續為中
國服務。五月初旬抵滬，適歐洲時局變動，認為遊美不
合時宜，故決定留滬，繼續為中國政府工作。當時即曾
報告鈞座，而每半月至少有一次呈報軍事委員會。重慶
方面對職工作從無命令，故職自動依照下述原則做某種
宣傳工作：

（一）中國決定繼續抗戰，至獲得榮譽和平為止。

（二）以政治、經濟、軍事地位而言，中國能繼續
　　　抗戰。

（三）在未得中央政府允准之先，決無永久和平可言。

（四）委員長之人格與聲望，足以反對任何偽政府，
　　　使之不能成立。

（五）如中國不能完全恢復主權，及被佔領區域之敵
　　　軍，未完全退出之先，絕無和平之可能。

上述原則，係在中國視察所得之個人意見，職在滬時曾
與德、義、美人氏，甚至日人與專家等接觸，常依據上
述主見與彼等討論，有某日人擬請職投在彼方服務，職
當然拒絕，固無待言，蓋此舉實與職甚不相宜也。

近因渝方未與職合作，頗感疑慮，不知委座現在對職態
度如何？是否仍依照四月四日所允許者無異，故不得不
乞鈞座指示一切如下：

（一）本月十一月職之雇約滿期後，是否仍須職繼續
　　　服務。

（二）職是否仍留滬工作，至不能立足為止，抑須回
　　　至重慶？

（三）如有回渝必要，應請與英政府接洽，准職由港
　　　入川，不加留難。

（四）如仍留滬，職亟須覓一私人職業，以冀掩人
　　　耳目。

（五）自六月以來，職並未收到給與職之合作朋友津
　　　貼費。此項津貼係四月四日所規定，職曾請侍
　　　從室第一組，每月交國幣二千元，託渝中央銀
　　　行郭副局長代匯，至現在為止，並未收過分
　　　文。此種長期墊款，非職能力所能辦，固在洞
　　　鑒中也。謹呈

蔣夫人

職施泰乃斯上　廿九、十月廿五日

批示：此可交戴副局長辦理，以後即歸戴調處，其經費
由侍從室照常發給可也。

中正

1941 年1 月23 日
指示獄囚糧食不足應設法補救

張主席、吳市長、唐局長、居院長、何總監：

省內及市內各處監犯囚糧不能裹腹，應注意，並希設法
補救為要。

中正　一月廿三日

1941 年1 月23 日
指示張嘉璈架設西昌與樂山間長途電話

張部長公權：

西昌與樂山間長途電話希即設法架設，並盼於今年六月
以前接通為要。

中正　一月廿三日

張嘉璈

1941 年1 月23 日
指示張嘉璈架設滇東通信電話網

張部長公權：

滇東通信電話網應即設法架設，並早日完成為要。

中正　一月廿三日

張嘉璈

1941 年1 月24 日

批唐縱呈第六組三十年度工作總報告

職賀耀組、陳布雷呈　三十年一月廿四日

來件者：唐縱

內容摘要：第六組三十年度工作總報告

竊查三十年度各情報機關報告最多者，技術研究室
七千八百餘件，軍委會調查統計局六千四百餘件，各機
關總共一萬九千餘件。其中呈閱者僅四千六百餘件（約
合總數百分之二十四），次要者權宜逕交各主管核辦
或參考而存查者一萬二千四百餘件（約合總數百分之
六十五），多屬不真確、不重要，或重複與已失時效之
報告。技術研究室件數最多，大半屬於館務瑣事，故其
存查者亦最多。軍委會調統局情報網較普遍，故其報告
較廣泛。中央調統局似僅中共較有路線。國際問題研究
所除情報外，且搜集圖籍雜誌加以研究，就全部情報
言，缺乏周密深入之佈置，故對於全般情勢之判斷，深
感材料殘缺不全之苦。就處理言，以行政機關與軍隊之
貪汙不法行為，查報常無結果，交辦幾成懸案。以今日
之政治現狀與環境，不得不稍遷事實，良非得已者也，
茲綜合各機關之工作，製為圖表，謹呈鑒核。

批示：各情報機關業務組織等應有一整個嚴密及分工
合作之總計畫，照現有之各機構應使之調整與增加效
率為要。

又去年各部份工作應有一總評考績比較優劣表呈核，並
令各該機關將其優劣人員年終考績表呈報，以備召見，
擬獎懲呈核為要。

中正

1941 年2 月6 日
指示重慶盜竊甚多經緝獲應解送前方充作輸卒

劉總司令、吳市長、唐局長、俞部長：

重慶附近盜竊甚多，以後一經緝獲，擇其體格較好者，應即交後勤部解至前方充作輸卒，或每月解送一次。至於詳細辦法以及解送地點，希會商決定實施為要。

中正　二月六日

1941 年2 月14 日
指示張嘉璈擬具戰後十年鐵道建設方案

張部長：

希根據總理實業計劃中之鐵道建設計劃，擬具戰後十年鐵道建設方案呈核為要。

中正　二月十四日

張嘉璈

1941 年3 月4 日
指示陳布雷注意中央設計局擬訂五年黨務與教育計畫

陳主任：

中央設計局所擬五年計畫中黨務與教育之整個計畫尤應注重。

中正

1941 年4 月9 日
指示陳立夫等學校應與地方政府合作實行助耕助收
陳教育部長、張文白秘書長：

大學中學師生應與各地方政府及青年團合作實行就地助
耕助收運動，應即擬定整個計畫，分區分日及調查當地
之田畝與器具數量，俾得到期實施。

中正

1941 年4 月16 日
指示張嘉璈發展空中運輸
張部長公權：

關於發展空中運輸，應即積極籌劃進行。前定向美訂購
運輸飛機事，現在籌備程度與交涉結果究如何？希詳細
查報。對於香港至南雄、香港至桂林、香港至贛州，以
及緬甸至大理與昆明各線之空中運輸皆應同時籌劃，分
別建立，以增強運輸力量，希將具體計劃擬具呈核。

中正　四月十六日

張嘉璈

1941 年5 月3 日
指示魏道明擬訂公務員、教員眷屬糧米供給辦法
魏秘書長：

公務員、教員眷屬糧米供給辦法，務希於下星期內擬定
切實具體辦法，公布為要。

中正　五月三日

卅年五月四日代電

國防最高委員會秘書廳陳代秘書長,並轉財政、經濟、
法制三專門委員會均鑒:

公務員、教員眷屬糧米供給辦法,務希於下星期內擬定
切實具體辦法呈核為要。

中正手啟。辰支侍秘川。

〔浮簽〕此事似在秘書廳研究中,應否將手令送魏,
　　　　請主任核示。
　　　　職方　五、三
　　　　此手令改辦。
　　　　代電秘書廳轉催財政、經濟、法制之專門委
　　　　員會(照原文錄)。
　　　　陳布雷　五、三

1941 年 5 月 3 日
指示張嘉璈等禁止登載滇緬公路與鐵路修築消息

張部長公權、宣傳部、新聞檢查處:

關於交通建設事業之消息,無論對內對外,以後非經中
批准不得發表。尤其關於滇緬公路與滇緬鐵路各種修
築消息,更應絕對禁止登載,並希嚴戒所屬切實遵照
為要。

中正　五月三日

1941年5月8日
指示陳布雷等國防最高委員會委員應參與設計總局工作

陳代秘書長布雷、王秘書長雪艇：

一、 國防最高委員會所屬各專門委員會之委員，應分
配於設計總局內之各部門，使其參與設計工作，以
求通力合作，且可使人才集中，工作較易發展。

二、 設計總局並應與行政院所屬有關各部會長官時時
派員聯絡，並按期眾談交換意見，如此可使設計
方案不至徒托空想也。

中正　五月八日

用代電發。

布

1941年5月8日
指示陳布雷等研擬設計總局與國防最高委員會工作重點

陳代秘書長布雷、王秘書長雪艇：

設計總局以及國防最高委員會所屬之各專門委員會，其
目前工作應注重於：（一）研究專門實際問題之解決、
（二）選擇並考核有關各部門之人才。以上二點即希研
究具體方案，以期實施為要。

中正　五月八日

用代電發。

布

1941 年 5 月 8 日

指示陳立夫等擬具東北青年之組織與宣傳辦法

陳部長立夫、張書記長文白：

對於東北青年之組織與宣傳應有一整個之辦法，當此俄日共同聲明發表之時，更為重要。並對共黨往日宣稱「非靠共黨利用蘇俄扶助，不能收回東北」之宣傳予以不攻自破事實之證明，希即會商擬定具體方案呈核。對於東北青年組織之進行，尤應急速進行，並希切實商洽辦理為盼。

中正　五月八日

用代電發。

布

1941 年 5 月 10 日

指示王世杰查報重慶標語與壁畫重新張貼實施情形

王宣傳部長：

前令重慶所有標語與壁畫應限十日內皆洗淨，另行規定後重新張貼。有否實施，速報。

中正　五月十日

「重慶全市標語應限定十句」。

1941 年 5 月 10 日

指示賀耀組擬具糧食管理辦法

賀秘書長貴嚴：

糧食管理辦法應由「購辦」、「貯藏」、「運輸」、

「銷售」四方面同時研究籌劃，希即分類擬具具體實施
辦法呈報為要。
中正　五月八日

五月十日下午三時收到。
賀耀組

1941 年6月3日
指示戴笠秘密監視南溫泉管理局副局長葉季槐
戴副局長：
南溫泉管理局副局長葉季槐言行不規，且有貪汙情事，
希秘密監視，並另保妥員候核。
中正　六月三日

戴笠　六月四日下午九時五十分收到。

1941 年6月14日
指示陳布雷行政相關各手令應分類抄編呈閱
十年來凡市政員警交通與行政有關各手令，應即分類編
輯呈閱，尤其是市政與員警之手令更應從速抄編為要。
中正　十四日
陳主任

第四組陳組長研究後遵辦。
陳布雷　六、十五

1941 年6 月？日[2]
指示防空洞工程負責人謝元模應即革職

防空洞內工程主持者應由該副處長謝元模負責，著即革職，與劉峙防空總司令免職一同發表。

中正

已遵辦代電與何總長。

方　　六、廿八

1941 年8 月2 日
指示張嘉璈等國內外電訊傳遞遲緩請嚴飭改正

張部長公權、彭次長浩徐：

最近國內外來往電訊傳遞遲緩，時有延誤，而電線修理亦甚緩慢，希嚴飭電局切實改正為要。

中正　　八月二日

彭學沛代　　八、四

1941 年8 月8 日
致受傷諸位同胞書

受傷諸位同胞：

倭寇自七七蘆溝橋正式發動軍事侵略以來已歷四年，經

2　本手令未載時間。按重慶隧道慘案發生於 1941 年 6 月 5 日晚，事發後謝元模為善後負責人之一。劉峙任重慶衛戍總司令兼防空司令免職令於 6 月 7 日發布，由相關時間進程言，手令發布時間應為 6 月 5-6 日之間。

我英勇抗戰將士誓死抵禦，已深陷於泥淖之中不能自
拔。寇兵厭戰，國庫空虛，外交失敗，民心渙散，遂不
恤狂炸我後方各地，聊以洩憤，滅絕人道，舉世同仇。
諸位此次被炸負傷，實深軫念，惟以公務紛繁，未能
一一躬自撫問。今特派專員代表前來慰問，並略備慰勞
品數事及紀念章一枚，聊表微意。順祝
早復健康
蔣中正手啟　八月八日

1941 年8 月8 日
指示商震等行政院與軍事委員會各部會應設審查報告組
商主任、蔣代秘書長：
行政院與軍委會各部會內應設審查報告組，專負審核其
所屬各機關業務，尤其各省、各地呈來之意見報告與批
評等應特別重視，詳加研討與批覆，希即擬具辦法飭令
實施為要。
中正　八月八日

1941 年8 月19 日
指示張嘉璈等嚴查由港飛渝班機夾帶香煙及奢侈品者
張部長公權、劉總司令經扶：
據報近由香港、緬甸飛渝飛機多裝有香煙與奢侈品，並
聞有運香煙而發大財者，以後無論數量多少皆應一律禁
絕，並由衛戍總部檢查處派員在重慶機場嚴查。如仍發
現有違令偷運情事，應予嚴懲不貸。
中正　八、十九

1941 年9 月26 日

准發調查統計局周轉金三百萬元

准發軍會調查統計局周轉金洋叁百萬圓整。

中正　九月廿六日

賀主任

代電軍需署遵發。

組　九、廿六

1941 年9 月29 日

准王仁宇升第三區專員

廣東連縣長：

王仁宇准升調第三區專員可也。

中正　九月廿九日

△ 電李主席：電院保薦。……可升調為該省第三區專
　員，已交行政院，待兄電到時發表請印。

△ 並知照行政院。

布雷　九、卅

1941 年11 月7 日

指示張厲生黨政工作考核委員會如有空缺派任黃元彬

張秘書長厲生：

黨政工作考核委員會如有委員空缺，即派黃元彬為委員
可也。

中正　十一月七日

〔浮簽〕呈核

謹按黨政考核委員會委員，多係院長、部長級人物，且其職權僅限於會議商討，並無實際經常工作。黃元彬君長於經濟，似不如改交中央設計局派為專任委員，較能有所貢獻，可否？請批示。

職陳布雷謹簽　十一月七日

如擬。

中正

1941 年 11 月 7 日
指示軍政部、財政部嚴禁各省對走私貨物徵稅

軍政部、財政部：

各省對於走私貨物徵稅一事應即通令嚴禁，希由軍政部與財政部會商具體辦法，嚴格執行為要。

中正　十一月七日

卅、十一、八奉到，並抄送財政部。

何應欽

1942 年 1 月 9 日
指示陳樹人查報在渝回國華僑生活艱難應予接濟者
陳委員長樹人：

在渝回國華僑，其生活實係艱難而應予接濟者，希查報候核。

中正　一月九日

用代電（手啟）發。

並知照行政院陳秘書長。

布　一、九

1942 年 1 月 16 日
指示熊式輝利用赴美公餘時間研究戰後建設計畫
泰和江西省政府熊主席。密。親譯：

此次赴美時希能盡量利用公餘時間，致力於戰後我國建設計劃之研究，可以國父之建國方略、實業計劃為依據，採酌上次大戰後所出版之各種有關新書，擬具一十年實施具體的建設計劃與復員方案，並希注重於下列三點：

一、增修鐵路，於十年內完成東南西北四境之鐵路。

二、西南、西北國防工業計劃（可先向經濟部多搜集此種材料）。

三、籌設軍事科學大學。

以上三點均為戰後建設之重心，務希悉心研究，擬具方案呈報為要。

中正一月廿六日手啟。子艷侍秘。

1942 年 2 月 2 日
指示宋子文應規定外交部各司科長科員之研究課目
宋部長：

外交部各司之科長、科員等應規定其每月與每週之研究
課目，並令其擬具研究報告於每月底提交各司長組織之
審查會審核與批評，依其成績評定優劣。此項研究成績
並應作為考績之一，希即擬訂辦法實施為要。

中正　二月二日

二月三日奉到。

宋子文

吳次長辦。

文　元、三

1942 年 3 月 11 日
批十八集團軍洛陽辦事處長袁曉軒投誠經過及重要供詞
職何應欽呈　三十一年三月十一日

事由：為摘報十八集團軍洛陽辦事處長袁曉軒投誠經過
及其重要供詞，伏乞鑒察由。

前據蔣長官鼎文二月支電報告，第十八集團軍洛陽辦事
處長袁曉軒於三日偕其妻投長官部自首等情，此後復據
迭電報告袁曉軒自首後對於奸偽陰謀之供詞，謹將其投
誠經過及重要供詞綜合報告如次：

（甲）袁曉軒投誠經過：

　　　　一、 袁經衛前長官轉變其思想，早已供給長官
　　　　　　 部以關於奸偽之情報。

二、 袁于本年一月底接彭德懷電令，飭將洛陽辦事處秘密結束，撤回延安。袁恐過去內線工作已被延安偵悉，恐有不利。

三、 袁于二月三日偕其妻自動投長官部請求自新。

四、 蔣長官將袁交由特種會報秘書處會同省黨部訊核，認為尚屬誠意。

五、 袁自首後供出奸偽在豫各種組織關係，涉及黨政軍各機關部隊甚多，並截獲其辦事處中較重要之奸偽份子黃銘鑑（即藍田）等六人。

六、 據蔣長官丑灰（二、十）電豫境潛伏之奸偽，已據袁曉軒所供，正積極進行中，袁自首後令其積極表現，已有相當成績。

（乙）袁曉軒重要供詞：

一、 黨政軍各機關人員參加奸偽活動者：

　　1. 豫省府委員兼建設廳長張廣輿與奸偽豫省委劉子允現尚有關係。

批示：應即解送來渝，並查張由何人保薦，似係果夫。

　　2. 豫省府委員兼省黨部委員宋恆忠參加「統一戰線」，為中共外圍份子（以上已電復蔣長官縝密處理）。

　　3. 豫省黨部調查室沈為人供給奸偽情報（沈已於本年一月三日自殺）。

批示：此沈為人由何人保薦？應令調統局查報，應即撤換看管。

4. 冀省政府委員兼教育廳長許志遠系奸偽同情份子（已由陳部長立夫令許參加中訓團受訓，藉以察看）。

5. 一戰區參謀袁鍔係奸偽份子（袁已考入陸大十八期肄業，已知照查究）。

6. 平漢路黨委劉松山、蕭漢庭等二十七名均係奸偽份子（正查究中，並已由蔣長官令各機關負責檢舉連環保證）。

批示：由何人保薦？組織部為何如此糊塗？詳報。

二、奸偽在豫之武裝活動動向：

1. 晉冀豫邊奸偽向太行南端擾亂，企圖爭取中條山。

2. 豫鄂皖邊奸偽，在經扶、羅山一帶發展，企圖以桐柏山為根據地。

三、奸偽活動陰謀：

1. 政治陰謀　A 堅持團結抗戰，堅持民主政治。
B 爭取中間階層。C 勵行精兵簡政。

2. 組織陰謀　A 採精幹與隱蔽政策。B 重質不重量，在鞏固中求發展。

3. 軍事陰謀　A 牽制華北、鞏固華中、發展華南。B 爭取和分化友軍。C 在敵我交錯處樹立軍事據點。D 建立民眾武裝。

4. 民運陰謀　A 加強社會統一戰線。B 爭取地主富農及中產者。

5. 統戰陰謀　A 多交新朋友力避孤立。B 連

　　　　　　絡地方士紳以利控制異己。C 利用社會關
　　　　　　係力求接近友軍，了解友軍，影響友軍。
右供均已知照有關機關注意。
批示：此各種陰謀，一面應切實研究各種對策，使之消
滅，一面應設法宣傳，以打擊奸偽信用。
除全案情形已令蔣長官於結案時再行詳呈外，謹先報呈
鑒察。謹呈
委員長蔣

〔浮簽〕擬辦：擬與蔣長官庚電併呈閱，並附摘敘去
　　　　　年六月江支電經過大要，以供參考。
　　　　　組、縱　三、十

1942 年 3 月 22 日
指示財政部等四行辦理儲蓄最優者應予嘉獎

財政部、四聯總處：
去年四行辦理儲蓄，其成績以何行為最優，應即明令嘉
獎。其儲蓄之總數有否到達預定之水準，希統計呈報。
中正　三月廿二日

1942 年 3 月 27 日
指示陳立夫等各學校機關應提倡自動與積極工作精神

陳秘書長立夫、陳主任、王部長：
凡精神總動員委員會、各學校、各部隊以及各機關，尤
其各地之訓練機關等，皆應設法對一般國民及其工作人
員提倡一種自動工作與積極工作之精神。運用各種宣傳

之方法，使人民及職員對於建國前途能有普遍之信仰，以鼓勵其刻苦耐勞、積極奮鬥之精神，不因目前待遇之菲薄與其生活之艱苦，而有所消極與灰心。希照此研究具體宣傳辦法，並訓練人民學生與部隊為要。

中正　三月廿七日

1942 年 4 月 4 日

指示王東原為黨政訓練班學員應注重使用收音機

王教育長東原：

今後黨訓班學員，對於收音機之使用方法，及其簡單修理之技能應注重實習，俾知所使用。又每日於中央廣播時間，應集合全體學員共同收聽為要。

中正　四月四日

1942 年 5 月 3 日

指示重慶市各種標語應一律以正楷書寫

宣傳、社會各部長、市長：

市中各種標語與街道上大字橫條皆須一律寫正楷字，希即通告各黨政軍機關注意，以後如再有不寫正楷而寫各種不正之字體，應將其主管人員處罰，並令警察局負責取締。現在總動員標語之字體，應即一律改正為要。

中正　卅一年五月三日

1942 年 5 月 17 日

指示吳國楨重慶市各巷弄及公共場所汙穢應澈底改善

吳市長：

重慶街道馬路尚稱整潔，惟各小衖陋巷仍皆汙穢，而公
共場所之公園、戲園、茶館等最為骯髒，無不隨處吐痰
與滿地果皮，實屬不合衛生，更於新生活運動相反。希
嚴督警察與衛生人員，並發動保甲澈底改良，以保清潔
為要。

中正　五月十七日

五月十八日下午十時奉到。

吳國楨

1942 年 5 月 17 日
指示各級學校訓育、軍訓及黨團人員等每週應舉行會報

吳秘書長、張書記長、陳部長、白部長：

今後各大中學之訓育人員、軍訓教官以及黨與團之工作
負責人員等，應以每校為單位，於每週舉行星期會報一
次。由黨部負責人主持之會報時，各部份應先將其上週
工作經過提出報告，然後彼此交換意見，檢討其過去之
優劣，並策定以後之方針，使彼此無隔閡磨擦之弊，而
得協同一致之效，並使黨團工作得透過訓育與軍訓而益
發揚其成效。最好以後各校之黨務即由各校之訓育人員
負責兼辦，但此項訓育人員必須由教育部挑選本黨忠實
幹練之黨員接充之。希會商詳細辦法，通令實施為要。

中正　五月十七日

1942 年 6 月 10 日
指示貪汙案件一律移送軍法執行總監部審辦

孔副院長、何總監雪竹：

以後凡關於貪汙案件應一律移交軍法執行總監部審辦
為要。

中正　六月十日

王秘書長亮疇

1942 年 8 月 6 日
指示陳布雷不准各報任意登載新疆消息與交通等問題

陳主任：

新疆消息與其交通、政治等各問題不准各報任意登載，
應嚴格檢扣為要。

中正

四組辦，分電中宣部、新聞檢查局遵照。

布　八、六

1942 年 8 月 12 日
指示青年團各地夏令營應令各團員撰寫論文競賽

青年團張書記長：（先電灌縣）

青年團各地夏令營對於本年中七七告軍民書及七九告青
年書皆應照前電提出各小組注重研討，此外對於廿九年
七九告青年書與本團成立時告青年書亦皆應提出專案研
討總會，前後告青年各書令各團員撰製論文競賽，照前
年例分別敘獎為要。

中正手啟。未（元）侍秘。

〔浮簽〕 四組辦。

　　　　一、代電中央團部張書記長。（照原手令抄）

　　　　二、另電灌縣青年團夏令營張書記長。（已
　　　　　　另抄發）。

　　　　詢機要室灌縣想可通電，如無密本，即用明
　　　　電可也。

　　　　布雷　八、十二

1942 年 9 月 22 日
指示于右任派監察委員與中央委員密查河南災荒

于院長、吳秘書長：

河南災荒情形，希派公正之監察委員與中央委員數人前
往密查實報為要。

中正　九月廿二日

1942 年 9 月 21 日
指示沈鴻烈通令各省提倡學校造林

沈部長、谷主席：

希通令各省提倡學校林，凡每一學校必須有一公共林場
使之造林，而西北各省除學校林外，並須指定鄉鎮林場
每一居戶每年應植樹幾棵（或三棵或五棵），並且年年
繼續加增。至於樹苗之供給以及林場之保護等，皆應切
實規定總使其能持久不輟與簡便易行方法。希照此擬具
詳細辦法，通令實施為要。

中正　九月廿一日

1942 年 9 月 23 日
指示陳立夫為四川省現有中學太多設法整頓歸併
成都省政府張主席：（代電）

重慶教育部陳部長。密：川省境內現有中學校為數太多，應即設法整頓，並酌予歸併為要。

中正手啟。申（梗）侍秘。

1942 年 9 月 26 日
指示通令黨政軍各機關禁掛白布門簾
陳主任：

希通令中央黨政軍各機關內之各室禁止懸掛白布門簾，因各處所張白布門簾十九皆骯髒不堪，是不啻為藏垢納汙之象徵，應令一律取銷為要。

中正　九月廿六日

1942 年 9 月 27 日
指示張嘉璈等重慶市馬車事業應切實整頓
張交通部長、吳市長：

市上與市外馬車最近車輛不良，而馬匹疲敝，瘦弱難堪，主管機關及其主管人員為何不加注意切實整頓？而且馬伕懶惰，對於馬匹調教餵養並無定規，任令馬匹終日背軛，毫無脫軛休息之時，以致馬匹病弱日甚。此種事業必須由主管機關負責講究與時時檢查教戒，方能使之持久不頹，望即切實改正負責，取締為要。

中正　九月廿四日

張嘉璈　九月二十八日

1942 年 10 月 14 日
指示吳國楨等重慶各處國旗旗杆應有杆頂
吳市長、唐局長：

重慶各處所懸國旗，其旗杆上多無杆頂，希照中央規定辦法由市政府製成式樣，通知各機關團體與商店、居民等一律改正為要。

中正　十月十四日

十月十四日下午九時奉到。

吳國楨

十月十五日午前八時奉到。

唐毅

1942 年 10 月 31 日
批王芃生請增加經費
王芃生 1942 年 10 月 31 日來文

標題：為淪陷區法幣壓低，物價騰漲，內外勤開支不敷，擬請八月份起每月增加經費一十五萬四千元，以利工作。

批示：其經費如係軍事費時，則應交本會審查。

1942 年 11 月 5 日
批桂永清電報英日密談條件

桂永清伯爾尼來冬電

事由：據土耳其人可靠消息，英、日現在安哥拉秘密談
判中，雙方默契，表面保持戰爭狀態，以日本不攻擊蘇
聯、印度，英不反攻緬甸，為談判先決條件，以促成妥
協云。

批示：復對各種情報應有清楚腦筋與實際情形及客觀態
度綜合之判斷，該員所得情報與判斷皆與此原則相反，
適足為敵探利用而已。

1942 年 11 月 16 日
指示徐永昌等國內各報應宣傳日軍企圖進攻雲南消息

徐部長次辰、王部長雪艇：

國內各報對於反攻緬甸之消息不必加以宣傳，而應宣傳
敵軍企圖進攻雲南之消息。希即研究宣傳要領，轉飭各
報館遵照為要。

中正　十一月十六日

已另抄送王部長。

陳布雷　十一、十七

十一月十七日午後九時奉到。

徐永昌

1942年12月4日
指示賀耀組等以後發各機關之手啟不可用手令名稱

賀主任、陳主任：

此後發交各機關之手啟各條，不可用「手令」名稱為要。

中正　卅一年十二月四日

十二月四日下午八時奉到。

賀耀組、陳布雷　十二、五

〔浮簽〕以後如不用手令名稱，則有下列數點似應予以考慮：

（一）原附送手令之處函似不適用。

（二）以後承發手令時如在信封上不書明手令字樣，不足以啟人重視，則在傳達上及受令者均有延誤之虞。雖可書明限幾時送到，而受令者是否均由親拆？則未敢必，對於保守機密一點頗堪顧慮。以後應如何寫法，請核示。

（三）以後辦稿時如有敘及前次手令而係以手啟代電發出者，則可寫手啟。

字樣如係以原手令續出，究應如何寫法？請核示。

〔浮簽〕（一）對於直屬各單位，得用「手諭」字樣代替之。

（二）對於非直屬單位，可用「手啟便函」或「手條」等字樣，絕對不用「手令」或

「手諭」。

陳布雷　十二、五

1942 年 12 月 16 日
指示賀耀組為重慶電廠時常停電應切實整頓
賀市長：

重慶電廠不時停電，影響工廠生產殊非淺鮮，務希切實
整頓，力求改正。以後對於有關國防工業之各廠，其所
需用之電流必須設法供給，不得中斷。如果電力不足，
無法全部供給，則縮小用電區域，或停供普通用戶，皆
無不可。應如何設法補救，希即擬具辦法，於二週內呈
報為要。

中正　十二月十六日

十二月十七日下午二時奉到。

賀耀組

1942 年 12 月 22 日
指示林蔚查報扣留法人沙發一事情形
林主任：

前令查報在雲南扣留法人沙發有間諜嫌疑事，究竟如
何？速查報。

中正　廿二日

此事一定戴副局長所為，請唐組長先直接問戴。

1942 年12 月23 日
指示貴州青年團人員公糧應與黨部人員相同待遇
貴陽吳主席：

對於貴州青年團辦事人員之公糧，應與黨部人員一律待遇為盼。

中正。養酉機渝。

呈主任陳閱。

送第四組存卷。

方　十二、廿三

1942 年12 月23 日
指示賀耀組以重慶為新生活運動示範區
賀市長、黃總幹事：

對於新生活運動之推行與地方自治之實現，現可以重慶為示範區，而對清潔與衛生二項最應注重。今後對於（1）戲院等公共場所，應一律禁售零食、物品與茶水、面巾等以保整潔，至於（2）市郊村落尤須講求清潔，應令（3）每保各設一拉圾坑與一公共廁所，凡各居民皆須將拉圾倒入坑內，不許再有任意棄置路旁或隨地大小便等之惡習。其他（4）如街巷之清掃汙穢之去除以及廁所之清潔等皆應責成各保甲長與各區警長等切實負責，由其指派住戶輪流服務，並於（5）每月或每週舉行競賽予以獎懲，希即（6）共同設計擬具辦法，從速實施為要。（7）市長與各局長必須每週往各區輪流視察檢查，尤應在汽車不通之小衖陋巷，以及窮苦居

戶之惡習汙處，必須親自往察，特別注重。

中正　十二月廿九日

十二月三十日下午五時奉到。

賀耀組

1943 年 1 月 3 日
指示陳立夫中山、中正大學內部應切實整頓
陳部長立夫：

據報中山大學內部腐敗、思想複雜、學風頹廢，不知教育部亦曾派員考核否？務希澈底整頓，以求改正，並將其詳細辦法擬具呈核。又中正大學設備簡陋，行政不良，其現任校長闇於行政，難期有所改進，希即遴選幹員，前往接替切實整頓為要。如何辦理，並希詳報。

中正　一月三日

1943 年 1 月 14 日
指示王芃生不准用特種情報所名義發布刊物及文字
王芃生同志：

不准用特種情報所名義對外發布刊物以及其他文字為要。

中正　卅二年一月十四日

改致楊所長宣誠。係因雙週倭寇廣播評論，以特種情報所名義刊印（王芃生同志係楊所長宣誠之誤）。

1943 年 1 月 23 日
指示賀耀組取締重慶市區肩輿
賀市長、賀憲兵司令：

市區肩輿應積極取締減少，凡著軍服者不得坐轎，違者應即由憲警負責取締為要。

中正　中華民國卅二年一月廿三日

已另抄送賀司令。

陳布雷　一、廿二

一月廿三日上午十一時奉到。

賀耀組

1943 年 1 月 23 日
指示市區馬車馬伕及馬匹應設專人每日檢查

市內交通馬車應特別注重清潔，市府對此必須專設負責人員，對於車與馬及車伕三者之汙潔肥瘠與馬匹之餵料，必須每日輪流檢查為要。

中正　卅二年一月廿三日

1943 年 1 月 29 日
指示白崇禧等部隊民眾與學生之訓練宣傳須深入基層

白兼部長、張部長文白、張部長道藩：

對於部隊民眾與學生等之組織訓練與宣傳，必須深入基層方能收獲實效，希即照此詳擬具體辦法呈報為要。

中正　一月廿九日

已分別抄送兩張部長。

陳布雷　一、廿九

三十二年一月卅日上午八時奉到，恭錄。

白崇禧

送還四組存。

二、廿四

1943 年 1 月 29 日
指示王東原收集中央訓練團各種訓詞彙編專冊

王教育長東原：

自中央訓練團開辦以來，中在該團所講各種訓詞，希即收集彙編專訂一冊，稱為「中央訓練團總裁訓詞」，俾分發各學員研讀也。

中正　一月廿九日

1943 年 2 月 16 日
指示陳布雷黨政人員對訓詞小冊應切實研究討論

陳主任：

現黨政各機關職員對中各種訓詞小冊，如新縣制綱要、行政三聯制、新生活運動、國民經濟建設運動等綱要，以及各種法令有關之講話等多未閱讀，且不知有此訓詞小冊者。希即通令黨政各機關轉飭所屬職員，對於本委員長之訓詞，凡與各該機關業務有關者必須切實研究，並集會討論，而此項研究成績應列為其考績之一。以後凡已公開發表之各種小冊，准由各地書局自由翻印，並限低其書價以廣流傳。而與本黨有關各書局，如正中書局、文化服務社等，更應令其於每一書店內特劃一欄，專售本委員長各種訓詞小冊。此事希與張部長道藩商定辦法，從速實施為要。

中正　二月十六日

1943 年 2 月 19 日
任谷正鼎等為陝西省黨部委員

陝西省黨部委員：

谷正鼎為主任委員，高文遠、張光祖、王德島、楊大乾
為委員，以高文遠兼組訓處長，張光祖兼宣傳處長。

1943 年 2 月 23 日
指示賀耀組等重慶之巷弄及貧民區須保持清潔

賀市長、唐局長：

對於重慶市內之陋巷小術以及貧民住區各處，必須與大
街通衢同樣打掃保持整潔，而市長與各局長等主管，對
於此等偏僻地區，尤須親往巡視，以督導其實施。前令
每保設立一公共廁所，現在有否實行？對於此等廁所之
清除，應規定每日早晚二次，即責成警察督導人民實施
為要。

中正　二月廿三日

二月廿四日上午十一時奉到。

賀耀組

1943 年 3 月 3 日
指示全國司法人員應予以政治訓練

陳主任：

對於全國高級之司法人員與精研法學之人士應注意挑
選，或由黨政班召集予以政治訓練，使養成法治精神，
以建立司法制度，希即約請王秘書長亮疇與雪艇，及各

司法機關主管等共同研究，並擬具辦法呈報為要。

中正　三月九日

1943 年 3 月 9 日
指示陳布雷侍從室對於銓敘、審計等業務應特別研究

陳主任：

侍從室對於銓敘、審計、審核、考察與設計等業務，應特別研究，使之進步，如各主管機關處理業務不當時，應予隨時指正為要。

中正　三月九日

已錄送第三處。

陳布雷　五、十六

1943 年 3 月 9 日
指示王東原調製十年國防重要建設計劃一覽表

王主任東原：

前令國防研究院各學員分組研究國父國防十年計劃，希即著手調製十年國防重要建設計劃一覽表為要。

中正　三月九日

三二年三月十日十三時奉到。

王東原

1943 年 3 月 9 日
指示王東原等擬具開設經濟工業科學幹部研究班計畫

王教育長東原、段主任委員：

為籌劃並推進戰後建設工作計，希召集對於工業與經濟
富有經驗者、有學識與負有聲望之專家與學者等，開設
一經濟工業科學幹部短期研究班，研究國父之十年計劃
以及戰後建設工業實施之方案。希會同翁部長、陳教育
部長、曾交通部長、俞兵工署長共同商討，擬具計劃呈
報為要。

中正　三月九日

三二年三月十日十三時奉到。

王東原

1943 年 4 月 5 日
指示王東原等國防研究院與黨政高級班應注重要點

王主任東原、張主任屬生：

國防研究院與黨政高級班應注重：（一）實習業務之處
理與科學之管理，並研究處理一切紛繁複雜困難危險事
務之方法與理則。（二）研究中國哲學，希即擬具辦法
實施為要。

中正　四月五日

張主任已另行通知。

陳布雷　四、五

四月六日午後三時奉到。

王東原

1943 年 4 月 5 日
指示賀耀組重慶街道懸掛國旗高度應整齊劃一
賀市長：

重慶市區街道兩旁所懸國旗太低，其高度應整齊劃一，以其垂下最低之旗角為準，該角必須離地面十市尺，以免阻礙行人。又精神堡壘附近之十字路應定為重慶標準街市，其具體計劃希即擬定呈核為要。

中正　四月五日

三十二年四月六日上午九時奉到。

賀耀組

1943 年 4 月 6 日
指示賀耀組等應令保甲長及警察長督促居戶掃除環境等
賀市長：

一、 小龍坎之西，天勝橋一帶地方，拉圾散佈路側，永不燒除，而且臭氣衝鼻。最近經過，仍未見其改良，應即令該處保甲長及其警察長督促該地居戶切實負責、積極掃除、日日檢查，又新橋至復興關公路上「歇台子」地方，亦應注重整理。

賀市長：

二、 復興園應向東北方，即現在洗衣作場及其後山頭，擴充延長之。

阮教育長：

三、 陸大所有黨國旗尺碼比例與樣式皆不準確，應即
照法定樣式速即改正。

陳主任：

四、 擬發起唐代文化風氣以及歷史制度研究會，凡關
於唐代風俗、生活以及社會、學術、技藝、體
育、音樂與唐代一切政治、軍事、法律、制度及
其精神、思想等，皆包括在內，並用新文體，多
方敘述描寫在報章刊物特別記載，以轉移今日社
會所受宋明學術思想之影響。

陳教育部長：

五、 凡留學生或國內大學與專校畢業生，必須由教育
部登記，並切實統制，且其工作與職業皆應由教
部分派，不得任其自由選擇，尤其是各人轉業更
應經教部許可，否則即作違法論處，並將論處辦
法訂定具體規制公告。教部應以此工作為第一重
要工作，限期實施。

軍委會各部會廳：

六、 凡極機密而閱後須繳回之文件與書籍，例如現用
「國軍序列表」與旅長以上略歷表等，其封面皆
用大紅色，註明「極機密」及「閱後繳回」（或
現閱時期）等字樣，並須編定號碼為要，並應由
發出機關之主官負責，凡註明限期收回之書籍文
件必須限期收繳，如有未能限期繳還者，以後不
再行發給，並將前發之件仍令追繳。如有遺失，
應加嚴處，並將其嚴處法規擬訂呈核為要。

中正　四、六

謹已錄存。

陳布雷　四、六

分別抄發。

布　四、六

1943 年 4 月 13 日
指示賀耀組等重慶市市民身份證發給完竣日期等

賀市長：

一、 重慶市市民身份證，務限本（四）月二十日之前
　　發給完竣呈報。

一、併政字314 號卷。

〔浮簽〕此事昨已頒發手諭，應否再發？乞示。

　　　　再發亦可。

　　　　布　四、十三

俞侍衛長：

二、 市區各處大防空洞，應即分區遣員檢查，尤須注
　　意洞內衛生情形，限一星期內呈報。

二、立卷總646 號。

賀市長：

三、 市內乞丐日見增加，小街僻巷更多，應即切實設
　　法搜查收容，並籌劃生產式方法，使之能自給生
　　活為要。

三、併總字247 號卷。

張書記長：

四、 青年團各團員對團外青年凡有一技之特長者，均
　　　應與之親密聯絡，設法吸收其加入本團。

四、立卷黨字367號。

張書記長：

五、 醫生服役辦法有否訂定？希將其實施辦法呈報，
　　　並從速推行為要。

五、此事似應交衛生署辦，當否？乞示。

〔浮簽〕應簽呈請示（說明似應交衛生署）。

　　　　　布　四、十三

陳教育部長：

六、 各機關團體以後在典禮時對外國音樂如無漢譯文
　　　義者，應不准任意演奏，例如現在紀念週開始時
　　　所奏之樂，並無漢譯文義之樂譜，應停止演奏。
　　　最好能採擇其他有譯文之樂譜代替，否則寧可停
　　　止為宜，何如？

六、立卷教字381號。

張秘書長：

七、 應即擬定對公務人員家眷生育補助辦法，並從速
　　　擬訂實施為要。

七、立卷總648號。

中正

1943 年 4 月 15 日
指示今後學校中青年運動之方針

今後學校中青年運動之方鍼

一、 以團員積極為同學謀福利，主持各種互助合作之
　　組織，以及發起各種勞動服務與體育、衛生、自
　　治、互助等之各種運動。凡同學之有疾病，以及
　　其真正窮乏而無告者，或無費不能升學與不能工
　　作者，皆設法予以協助解決，即以服務精神，以
　　感召誤入岐途之青年，使之覺悟，以代替往日強
　　制或監視與偵察等之鬥爭行動。

二、 反動分子之處理，應歸校長與黨部負責主持，而
　　青年團處於協助地位。

三、 團之工作，主於領導青年，走向建國的途徑。

　甲、 其工作態度，為領導、為感召。

　乙、 工作項目，為準備與選拔集中建設人才。

　丙、 工作目標，為建設國防與經濟文化合一之新
　　　國家。

　　　故以後本團不復作消極的零星鬥爭工作，亦
　　　不復作黨部重複工作，其現在此類工作，皆
　　　可由黨部與各校當局負責主持。團員對於誤
　　　入岐途之同學，應積極的在平時與之聯絡感
　　　情，採取切實規勸方式，從傍協助黨部與當
　　　局，消弭反動黨派之活動。

四、 團務專為準備以後建國之人材。

　甲、 國防軍事建設──機械化部隊之戰鬥員。

　乙、 國防工業建設──工程師、機械師、飛機師。

　丙、 全國鄉村教育保甲組織與文化運動（即新生
　　　活運動）。

五、 應以全力促進建立國防軍，及國防經濟建設運動，

　　及鄉村教育與文化運動使，團員立志為國防軍事、
　　國防經濟與國防文化，以鄉村自治之建設幹部。
中央幹部與各地團務幹部，必須目光遠大，胸襟開擴，
態度和藹，而不屑於委瑣之爭也。
中正

〔浮簽〕奉諭抄送張書記長。
　　　　俞國華謹註　四、十四
　　　　四組辦發。

1943 年 4 月 28 日
指示王東原各大學院長與國營工廠廠長應入黨訓班
王教育長、段主任委員：
各大學理、工、法各學院院長，以及國營工廠各廠長，
應分期入黨訓班受訓。希即照此擬具方案呈報為要。
中正　四月廿八日

已另通知段主任委員。
陳布雷　四、廿九
三十二年四月二十九日奉到。
王東原

1943 年 4 月 28 日
指示何應欽可任丁國保為西康黨政方面委員
何總長：
丁主任國保（第二十四軍政治部主任）似可在康省黨政

方面予以委員一職，如何？希酌核。

中正　四月廿八日

卅二年四月廿九日奉到。

何應欽

1943 年4 月28 日
指示賀耀組呈報重慶市府職員曾留學國外未入黨政班者

賀市長：

重慶市府職員中，其有曾在國外留學而未入黨訓班者，
應即分期入班受訓。現此項人員尚未受訓者共有幾人？
希即開列名單呈報為要。

中正　四月廿八日

四月廿九日上午十一時奉到。

賀耀組

1943 年4 月28 日
指示王東原黨政訓練班不得有政治性質組織

王教育長東原：

黨政訓練班以後除對處理業務、研究學問以及小組會議
等得有組織外，此外不得再有任何同學會或其他政治性
質之組織，尤其對於各地黨訓班同學會招待所之類組
織，必須嚴加取締，以免成為把持一切之團體，而養成
各立門戶之惡習。希即研擬防止辦法呈報為要。

中正　四月廿八日

三十二年四月二十九日奉到。

王東原

1943 年5 月4 日
指示王東原等擬具黨政訓練班補習訓練辦法

王教育長、段主任委員：

黨政班之訓練方式似應酌予改變，以後應注重對於專門業務之補習訓練，即挑選其專門業務（黨政、軍事、經濟、社會、交通、財政、外交），研究其以往經歷之缺點與今後補正之方法。其訓練期間約以二、三星期為限，如何？希研擬具體辦法呈報為要。

中正　五月四日

已通知段主任委員。

陳布雷　五、五

五月五日下午八時奉到。

王東原

1943 年5 月4 日
指示王東原等令國防研究院學員寫中國之命運讀後感想

王主任、張主任、段主任委員：

希令國防研究院、高級班與黨政班各學員，於其訓練結束以前，各撰「讀中國之命運後」感想一篇，長約三百字為準為要。

中正　五月四日

已通知張主任及段主任委員。

陳布雷　五、五

五月五日下午八時奉到。

王東原

1943 年 5 月 11 日
指示王東原黨政訓練班應增設課程説明政府組織

王教育長東原、段主任委員書貽：

黨政訓練班以後應增設一課，即以人的腦神經之構成與作用說明政府組織為一有機體，及其彼此相互之關係與作用，此項主講人選可託陳果夫同志代為物色也。

中正　五月十一日

已通知段主任委員。

陳布雷　五、十二

三十二年五月十二日奉到。

王東原

1943 年 5 月 11 日
指示王東原國防研究院應注重理則學與王陽明傳習錄

王主任東原、張主任屬生：

國防研究院與黨政高級班，對於自習課目中理則學與王陽明傳習錄二課應特加注重為要。

中正　五月十一日

已通知張主任。

陳布雷　五、十二

三十二年五月十三日上午十二時奉到。

王東原

1943年5月11日

指示青年團應設職業介紹所與求學介紹所等

張書記長：

為扶助青年優待學生計，青年團應設青年職業介紹所與青年求學介紹所，並為招徠戰區青年計，可在洛陽、上饒、衢州、阜陽等處設立戰區青年招待所，至其所需經費，准由政府指撥。希即照此擬具具體辦法與預算呈報為要。

中正　五月十一日

1943年5月11日

指示吳國楨外交部屬員應指定研究一種業務與一國國情

吳次長國楨：

外交部所屬職員，每人皆須指定其研究一種業務與一國國情，如研究英、美、蘇、土等及中東近來與南美、非洲各國之商務、政治、經濟或其執政人物之經歷、思想等等，他如我國駐外使領館之改革與歐美外交之禮節等，亦可擬定題目，令各員研擬報告陳述意見，一面可藉此養成屬員研究之風尚，一面亦可由此識別屬員之能力。希即照此擬具辦法實施為要。

中正　五月十一日

五月十二下午四時奉到。

楨

1943 年 5 月 11 日
指示王東原國防研究院與黨政高級班應注重訓練要點
王主任東原、張主任厲生：

國防研究院與黨政高級班以後應注重訓練下列二事：
（一）研究與訓練辦事之精神與方法，而尤須注重於自動自發之精神，使處處抱找事做不等事做之態度。至於研究之方法，可由各學員將其以往處理某種業務經歷所得各種之缺點提出小組會議報告，然後各學員針對此種缺點研究其改進辦法。（二）研究與訓練對於人、物、事、時、地科學管理之方法。希即照此擬具辦法實施為要。

中正　五、十一

已通知張主任。

陳布雷　五、十二

三十二年五月十三日上午十二時奉到。

王東原

1943 年 5 月 17 日
指示王東原等黨政訓練班小組會議應遵照民權初步規定
王教育長東原、段主任委員書貽：

黨政訓練班小組會議，其進行方式應遵照民權初步之規定切實做去，希通令各指導員及訓育幹事等注意改正

為要。

中正　五月十七日

1943 年 6 月 1 日
指示賀耀組重慶市內應一律禁止乘坐肩輿

賀市長：

重慶市內肩輿無論自備或係雇用，應自下月一日起一律
禁止，不許乘坐。至於市區以外，可一面限制肩輿之數
量，一面盡量提高其捐稅，即照現行稅率提高十倍亦無
不可。希即擬訂辦法從速實施為要。

中正　六月一日

三十二年六月五日下午一時奉到。

賀耀組

1943 年 6 月 8 日
指示陳立夫大、中學入學及畢業考試應依中國之命運命題

陳部長立夫：

今年各大、中學之畢業考試與入學試驗，其國文試題應
依據「中國之命運」內容命題，並擇其試卷之最優者呈
閱。但每一大學以三本至五本為限，各國立中學由部彙
選，共以五本至十本為限。希即擬具辦法，密為通令遵
照為要。

中正手啟。已佳侍秘。六月八日

用手啟代電發。

陳布雷　六、八

1943 年 6 月 8 日
指示陳立夫為各大、中學對開除學生另予收容訓練
陳部長立夫、張部長文白：

以後各大、中學對其開革學生不得任其自由去處，應由各校當局將該學生送交教育部或各省之教育廳，由教育部或教育廳會同政治部籌設勞動營收容之，並予以嚴格之訓練。此種勞動營可由政治部出面籌辦，而交青年團負責主持。希即照此召集有關各機關共同商議具體辦法呈報為要。

中正　六月八日

1943 年 6 月 22 日
指示王世杰等中央各機關設計及考核工作辦理方式
王秘書長亮疇先生、甘副秘書長自明、王秘書長雪艇、陳秘書長公洽、張秘書長厲生：

中央各機關之設計與考核工作，應由中央設計總局與考核委員會統盤策劃集中辦理。至各機關秉承中央已定之計劃設計其實施細目與考核，其內部成績則可派其本機關之參事或秘書一、二人兼辦，不必另設機構。倘事實確需設立此項機構者，則應事先呈准中央設計總局與考核委員會，而其工作與人員亦應受該二機關之督導與考核。希即會擬辦法，通令遵照為要。

中正手啟。巳敬侍秘。六月廿二日

1943年6月22日
指示賀耀組等切實整頓重慶市馬車

賀市長、譚處長（驛運管理總處）：

重慶市內之馬車，其車廂之汙穢、御伕之襤褸，以及馬匹之瘦羸殊屬有玷瞻觀。日前中曾令切實改正，然至今仍未見效。具徵各該主管人員，苟且敷衍、奉行不力，以後倘再不將車廂保持清潔、馬匹挑選精壯與御夫穿著制服，定將先懲各該主管人員，以戒怠忽。如何整頓，並希詳報。

中正　六月廿二日

已通知譚處長。

陳布雷　六、廿二

六月廿二日下午九時奉到。

賀耀組

1943年6月24日
指示吳國楨查報陳欽仁履歷

吳外交次長：

陳欽仁的履歷查報。

中正　六月二十四日

六月二十五日上午九時奉到。

吳國楨

1943 年7 月13 日
指示林蔚等擬具考核各機關辦理手令辦法

林主任、陳主任：

侍從室目前考核各機關辦理中手令之方法，大多限於書面，但各機關實際是否遵辦，與其辦理是否實在，則仍未加考察。以後應另設機構或指定專員，使負複查之責，隨時派其至各機關抽查，使命令得以貫澈。其詳細辦法，希即會商擬具呈報為要。

中正　七月十三日

〔浮簽〕 芷町兄：

此件第二處方面之意見（極匆率，字句應再酌），簡單寫出幾條，希與平道兄商酌會擬呈覆之稿，請蔚文先生會核。

布　七、廿

速件

考核處、考核會調人。

1943 年7 月13 日
指示賀耀組重慶市商店應一律禁止出售奢侈品

賀市長：

重慶市各商鋪所售之奢侈品，應自下月一日起完全禁止，如有故違，不論賣者、買者概予沒收。至其種類名目，希即調查規定，並如期實施為要。

中正　七月十三日

三十二年七月十四日下午五時奉到。

賀耀組

1943 年 7 月 14 日
批顧維鈞呈太平洋會議英美商談挽救戰局方案
顧維鈞倫敦來寒（十四日）亥電

摘要：下午開太平洋會議

（一）邱吉爾報告與美總統商談挽救戰局情形，謂：現敵集中兵力對華，正出彼預料，對我表同情，如在埃及英能勝德，蘇能支持至秋末，則年內擬協同美方恢復緬甸，以利助華交通。

（二）蘇不利時，日必攻蘇，則遠東形勢不同，可另開新局面，英美擬四面攻日。

（三）鈞詢援我空軍之議有何發展，艾頓答以尊重美之保證，轉令英隊留印，由美即以美隊赴華。

（四）日對我施用毒氣與微菌戰案，邱謂我所舉事實確鑿，理由充分，惟宣言一層，以印度無防毒設備，深恐一發宣言，印人恐慌，盼從決議，如敵仍用，英必與美一致予以同樣報復。

批示：寒電悉。請切勿對美再提借款與飛機助華事，此不僅徒增國恥，而且為人愚弄而已，無論如何勿再求助為要。中正。

1943 年 7 月 28 日
指示何應欽等外籍顧問等來華應派譯員隨行
何總長、張秘書長厲生、陳部長立夫：

以後凡外籍顧問、講師與教官等，於其來華服務時，應
由我各主管機關指派精通外國語音為譯員，一面陪同其
工作，一面擬定譯員隨同研究之計劃規則與問題，令其
在外籍顧問或講師等指導下遵照此項計劃切實研究學
問。其詳細辦法希即會同擬訂，並通令有關各機關一體
遵照為要。
中正　七月廿八日

1943 年 7 月 30 日
指示宣傳部、軍令部等應會商研究改正宣傳辦法
陳主任：
此美國對我宣傳之批評，我宣傳部、軍令部與國際宣
傳處及外交部應切實會商，研究改正宣傳具體之辦法
呈報。
中正　卅日

代電宣傳部、軍令部。

1943 年 7 月 31 日
指示賀耀組查報重慶市禁止奢侈品買賣案實施辦法
賀市長：
前令重慶市自八月一日起禁止賣買奢侈品一案，其具體
施辦法如何？希即查報，並切實遵限實施為要。
中正　七月卅一日

1943年8月2日
指示何應欽等中央黨政軍各部會官長應入中訓團受訓

何總長、吳秘書長、張秘書長、段主任委員：

中央黨政軍各部會署其次長以下，科長以上之人員，凡
尚未受訓者，皆應入中訓團受訓，並應提先召訓分三期
訓練完畢，或自下期起另添一總隊以專訓此項人員如
何？希即共同會商，並於三星期內（本月二十日以前）
決定呈報為要。

中正　八月一日

卅二年八月二日奉到，並分別抄送。

何應欽

遵查何總長之表，奉批可於八月十九日發還，送請貴組
存案。

弟和杜敬上

弟毓　九、十六

1943年8月6日
指示賀耀組整頓重慶市容

賀市長：

重慶市容在此國喪期間，更應特別整頓，關於清潔與衛
生尤須注重為要。

中正　六日

八月六日下午九時四十分奉到。

賀耀組

1943 年 8 月 17 日
指示曾養甫研擬戰後利用外資舉辦交通建設事業之方案
曾部長：

我國戰後擬利用外資舉辦之建設事業，關於交通方面應注重於：（一）建設國際與內河航運事業，其航線應包括馬來、荷屬東印度、緬甸、安南、暹邏、台灣、日本以及我國沿海各地。（二）發展民用航空事業與（三）舉辦關鍵工業（包括製造汽車、火車頭與鐵軌等）。希照此研擬具體方案，並將其設廠地點、規模大小、生產數量、經費數目，以及將來還本付息計劃等，詳加規定為要。

中正　八月十七日

另抄熊秘長一份。

已抄送熊秘書長。

陳布雷　八、十八

八月十八日下午十時收到。

曾養甫

1943 年 8 月 24 日
指示賀耀組嚴格取締重慶市內未經核准搭建之篷戶
賀市長：

重慶市區內凡未經工務局核准搭造之臨時篷戶等應即嚴予取締，設法改造，以整市容。希即督率警察局切實實施為要。

中正　八月廿四日

八月廿五日上午十一時三十分奉到。

賀耀組

1943 年 9 月 18 日
指示戰後國防計畫送交設計總局審核
熊秘書長：

此報告送交設計總局審核，並對批示各點加以注意
為要。

中正　卅二年九月十八日

〔浮籤〕送四組辦發。

　　　　布　9/19

　　　　遵批用代電將原書送熊。

　　　　方　九、十九

〔浮籤〕會第一處。

　　　　其中「國防區計劃」請第一處抄送熊秘書長。

　　　　方　九、廿

〔浮籤〕查「國防區計劃」係軍令部所擬戰後對工業
　　　　建設上國防概念內含意，該項文件已於九月
　　　　十一日抄送熊秘書長在卷。

　　　　唐縱　九、廿一

1943 年 9 月 20 日
指示賀耀組重慶各團體懸掛國旗應規定升降時間
賀市長：

重慶市各團體商號於紀念日懸掛國旗，常見有於晚間

七八點鐘後仍未降旗者,此殊不合體制。以後對於國旗升降時間,應由市府加以規定,並通令全市遵照實行,一面並由警察局切實糾正。倘仍有未照規定升降者,則應由該區警察所長或巡官負責,希即規定升降時間,通令實施為要。

中正　九月廿日

九月廿一日上午九時奉到。

賀耀組

1943 年 10 月 4 日
參軍王右瑜、黃秉衡、石陶鈞免職

參軍王右瑜、黃秉衡、石陶鈞久不到職,應免職。

中正

1943 年 10 月 4 日
任鄒作華、杜建時、朱世明為參軍

任鄒作華、杜建時、朱世明為參軍。

中正

1943 年 10 月 6 日
指示陳布雷中央日報總編輯陳德徵應扣押開除黨籍

陳主任:

前查問中央日報標題誰作之手令等,至今皆未呈覆,應即先將該報總編輯陳德徵即先令扣押候審,並終身不得錄用,開除黨籍為要。

中正　十月六日

已呈覆。

布　十、六

1943年10月13日
指示陳布雷為重慶出版之報紙可指定數種免予檢查

陳主任：

現在重慶出版之報紙，可指定其中若干種，對其刊發之言論與新聞等特准免予檢查，並將此項消息發表，以示我政府開放言論之態度。至其具體辦法，希與梁部長共同商酌，並擬具呈報為要。

中正　十月十三日

1943年10月20日
指示張治中調查國內出版之軍事雜誌

張部長文白：

現在國內出版之軍事雜誌共有幾種，希即調查呈報。以後對於此種雜誌，應設法歸由一個機關發行，並指示此種雜誌之編輯，應特注重於軍人思想之領導與統一，或由政治部物色擅長文字、思想清新，而對本黨主義富有研究者約二、三人，專負此項論文撰著之責，按期撰文交由各該雜誌發表。但至少每期須登載此項文字一篇，俾軍人時受本黨主義之浸潤與革命理論之宣傳，不為錯雜思想所誘惑也。希即擬具辦法實施為要。

中正　十月二十日

交第三廳編審室商辦呈核。

1943 年 10 月 23 日
指示賀耀組等重慶房屋建築應由工務局與警察負責監督

賀市長、徐局長、李警官教育長：

重慶市區及其郊外之房屋建築應由工務局與警察負責指導與監督，如有年久失修、形將倒塌，或修築不合規定者，皆應由工務局與警察飭責其屋主重加修蓋，以策安全。而警官學校訓練警察時，對於此項指導建築與干涉建築之課目必須特加注意，使其執行職務時不致發生困難。又市內與市郊各地居民多有臨時以蘆席或竹蓬搭蓋房屋，或以蓆蓬為牆壁者，此不僅有礙觀瞻，又易引起火災，應即飭其重加修造及拆除。以後建築時應以磚牆為主，不得已至少亦應用泥牆，但不許再用蘆席為牆。由市區至歌樂山、市區至九龍坡、及海棠溪至黃山各路為外人來往最繁之處，其公路二旁蘆蓬應限於本年內完全重修完竣，否則惟工務與警察二局長是問。希即詳訂辦法，如限辦理為要。

中正　十月廿三日

已分致李教育長。

陳布雷　十、廿四

卅二年十月廿四日上午十一時半奉到。

賀耀組

1943 年11 月15 日
指示賀耀組等重慶市須切實施行新生活運動

賀市長、徐局長：

重慶市區內對於新生活運動之基本條件必須切實實施，
倘有個人或家庭故違此項基本條件者，如隨地棄置拉
圾、任意吐痰小便，及其房屋附近與路傍骯髒汙穢等，
可特訂立違警條例，照章予以處分。如吐痰者罰款若
干，小便者罰款若干，若吐痰與小便者無從尋獲，則應
將其吐痰與小便處之居民取罰。其意乃使各處居民凡在
在居住附近，皆應負責整潔是也。他如任意棄置拉圾或
汙穢不予掃除等，皆可分別列入，詳訂處分辦法。新運
將賴此而推行益速，警局可由此而增益經費，但在此項
辦法實施三個月前應先多方宣傳，並令各保甲長切實告
誡，期使家喻戶曉而能自動改正。希即照此擬訂辦法實
施為要。

中正 十一月十五日

三十二年十一月十六日上午九時奉到。

賀耀組

1943 年11 月15 日
指示賀耀組重慶日常食品價格應照限價辦法嚴格實施

賀市長：

對於重慶市區內日常食用之物品，如豬肉、鷄蛋及蔬菜
等，其價格應照限價辦法嚴格實施，嗣後不得聽由商販
任意上漲。至前限制市區內飼養豬鷄之禁令應即予以取

消，一面並設法獎勵民間多飼家畜豬、雞之類，以裕民
間副食。希即照此擬具辦法實施為要。

中正　十一月十五日

三十二年十一月十六日上午九時奉到。

賀耀組

1943 年 12 月 1 日
指示電匯拉鐵木爾（Owen Lattermore）美金五千元

電匯「拉鐵木爾」顧問美金洋五千圓整。

中正　十二月十一日

孔副院長

交中行照墊。

卅二、十二、十一

樂局已抄存。

卅二、十二、十五

1943 年 12 月 14 日
指示賀耀組重慶市馬車車伕嚴禁吸煙並現乘五人

賀市長、譚處長：

自明年一月一日起，凡行駛於重慶市區內之馬車，應嚴
禁其車伕於駕駛時吸煙。一面並限定每輛馬車連同車伕
在內，祗准搭乘五人為限，否則應嚴加處罰。希即照此
遵限實施為要。

中正　十二月十四日

已另代電通知譚處長。

陳布雷　卅二年十二月十四日註

三十二年十二月十五日上午十時奉到。

賀耀組

1943年12月16日
指示張治中各地黨政機關應協助推進全國勞軍運動

張部長文白，並轉慰勞總會：

慰勞總會應即發起全國冬季勞軍運動，並由各地黨政機關竭力協助推進其辦法，即照福建辦法提倡，每甲出布鞋一雙與布襪一雙。至於鞋襪之式樣，應先由慰勞總會規定分發各甲仿製，製成後由各甲送交鄉鎮公所，由鄉鎮公所彙送縣政府，然後由慰勞總會派員至縣點收，並用競賽與獎勸方法以資鼓勵。此事可在接近前線各省先行發起，俟集有成數時，即先送交前方軍士備用。希即擬具集中與分配辦法，從速實施為要。

中正　十二月十六日

1943年12月27日
准張紹寬入黨政訓練班受訓

王教育長東原：

中央大學軍訓總教官張紹寬准入黨政班第二十九期受訓，希即轉令該員遵照為要。

中正　十二月廿七日

三十二年十二月二十九日奉到。

王東原

1943 年 12 月 27 日
指示陳布雷除檢查新聞內容外標題亦一律送檢

陳主任、李副局長中襄：

以後對於各種報紙之檢查，除檢查其新聞內容外，同時對於反動報紙並應檢查其新聞之大小標題，故所有新聞之大小標題應令其同時一律送檢，凡經檢查禁載之新聞或文字冊減後不得於報上再用「遵檢」二字。如有故違，即照不遵檢之規定，予以同等之處分。希即照此擬研辦法，通令切實遵照為要。

中正　十二月廿七日

1943 年 12 月 27 日
指示賀耀組重慶市建築須向市府登記核准後方可建造

賀市長：

以後重慶市區內及其近郊各地，無論公私大小建築物應須先向市府登記，俟核准後方准建築，尤其對於郊外搭蓋茅蓬與廁所等，必須責令警察嚴格取締，遵照規定執行。希即照此擬訂辦法實施為要。

中正　十二月廿七日

三十二年十二月廿九日上午八時奉到。

賀耀組

1943 年12 月27 日
指示賀耀組發動重慶市各區保甲實施清潔衛生運動

賀市長、徐局長：

從明年一月二十日起發動本市各區保甲實施清潔衛生運動，並以此為警察局明年度中心工作之一。希即擬具具體辦法，嚴督其實施為要。

中正　十二月廿七日

三十二年十二月廿九日上午九時奉到。

賀耀組

1943 年12 月27 日
指示賀耀組等公共場所應特別注重清潔衛生

賀市長、李教育長士珍、徐局長中齊：

對於旅館、餐館、戲園等之公共場所，今後應特別注重清潔與衛生，而以家家清潔、處處衛生為社會運動之口號。故第一必須禁止吐痰，違則處罰其管理人員或家長，如第一次罰洋貳元，第二次則加倍，第三次罰拾元，使促其注意與改正。第二對於各公共場所之廚房與廁所，每日應派警官檢查，並規定每週大掃除一次。第三各公共場所內應禁止零食，如有隨意在路上或車上拋棄菓皮，不投入拉圾坑桶者，應由警察負責改正。第四一面應禁止人民於路旁晒衣，一面應由每保在其附近空地設立一公共晒衣場。第五每保必須設一拉圾坑、一公共廁所與一公共晒衣場，此三事應由市政府積極籌劃，於一年內辦理完竣。第六重慶市內以及郊外之灰

堆、拉圾等每日應設法清理，至此項灰堆拉圾如何處
理，或利用以製肥料，希由市政府設計呈報。第七重慶
四郊應籌設公墓數處，此事必須於明年內實施。除市政
府與警察局應遵照以上各點切實擬具辦法實施外，希將
以上各種問題交由警官學校切實研究講解為要。

中正　十二月廿七日

已另錄送李教育長。

陳布雷註　十二、廿八

三十二年十二月廿九日上午九時奉到。

賀耀組

1943 年 12 月 28 日
指示陳布雷令稿應分類彙編並限半年內完成

陳主任：

近年來所有令稿關於政治、經濟、市政、警務、交通、
金融、銓敘等皆分類彙編，並限半年內完成，尤其關於
市政警務傷兵醫院與衛生者更望急編為要。

中正　卅二年十二月廿八日

十二、卅一

陳布雷

〔浮簽〕送四組登錄手令冊後，由陳組長規劃辦理。

　　　　陳布雷　一、七

　　　　先送請第一處閱。

侍從室第一處

委員長侍從室第二處　　一、十七

1944 年 1 月 3 日
指示陳布雷設法將四行業務統一

陳主任：

今後對於中中交農四行應設法將其業務統一與資本集中，而先加強四聯總處，使負統制與督導之責，各行對其業務之執行以及資本之數目，每月應向總處報告一次，希照此研擬統一辦法呈核為要。

中正　一月三日

1944 年 1 月 7 日
指示曾養甫本年度交通部應特別注重工作

曾部長（養甫）：

本年度交通部應特別注重之工作，茲特條列如下：一、發展驛運工作，其去年辦理結果成效如何？以及今年應如何改正與加強，希即分別查報，並擬具具體辦法呈核，一面並由該部嚴加督促，加緊推行。二、對於西寧至玉樹及康定至玉樹兩公路務，限本年內全線修通。三、天寶鐵路依照日前核定之預算，預計今年內可以修至何處？此路應即盡力趕修，於今年內全線通車（所有工糧已令甘肅省府全數供應）。四、黔桂鐵路預定今年內修至何處？亦應積極趕修至貴陽為標準，如限完成。希即照此擬具方案，並呈報為要。

中正　一月七日

曾養甫
一月十日

1944年1月12日
指示陳布雷檢呈四聯總處章程與法規

陳主任：

四聯總處章則與各種法規檢呈一份。

中正　卅三年一月十二日

1944年1月25日
指示陳布雷四聯總處組織章程應改為組織法

陳主任：

四聯總處組織章程應改為組織法，即成為合法的權力機關，其第三條職權除已列各項外，應將各項外匯資金及國內國外存放憑證等之查報與審核事項，照此意旨，限三日內擬議條文呈核為要。

農民銀行理事長名義應取消，又各行董監之選舉與指派之規制以及名稱，皆應一律為宜。

中正　一月廿五日

又可派四行會計處長之人選，亦望代擬雙倍之人數呈核。

1944年2月1日
指示查報貴州省三縣黨部書記長任職逾十年者

貴陽省黨部傅主任委員：

密。據報大定、鎮寧、安龍三縣縣黨部，其現任書記長任職已逾十年，何以迄未調職？究其成績如何？統希查報為要。

中正　二月一日

此應交組織部核辦。

代電組織部。

1944 年 3 月 1 日
指示吳國楨查報周廷權平日成績

吳次長國楨：

前星期日中視察外交部，僅見周廷權一人獨坐用功，未知該員平日成績如何？希查報。

中正　三月一日

三月二日上午八時奉到。

楨

1944 年 3 月 30 日
指示賀耀組重慶市內汙穢不堪應限期澈底清潔

賀主任：

重慶市內近日來各處汙穢齷齪又不堪聞問，而以砲台街為最甚，其次為朝天門與石灰市、百子巷、倉壩子左右附近，以及武庫街、楊家什字，又道門口銀行進修服務社一帶垃圾堆積為山，而飛來寺一帶臭氣充天，該市長是否查察？限十日內必須將以上各地澈底清除，其他各地亦應從速督促整潔為要，並望於四月十一日將清除情形詳報。

中正　卅三年三月卅日

三十三年三月三十一日上午十時奉到。

賀耀組

1944 年 4 月 17 日
指示各省地方自治實施成績應每年分期詳報考察

各省地方自治之進度，與民意機關及保民大會實施之成績次數與人數，應於每年六月與十二月分期詳報，由內政部與黨政考核委員會在各地方切實考察，按期詳報。以後考察地方行政工作，應以此為中心工作之一也。

中正　卅三年四月十七日

〔浮簽〕 此可用手啟代電分致陳秘書長儀、張秘書長屬生及周部長（內政部）。

　　　　布　　四、十七

　　　　印洽侍秘代電發。

　　　　卅三年四月十七日發　新霈

1944 年 5 月 24 日
指示賀耀組凡已清除垃圾地區不得再倒

賀市長：

上次手令對砲台街等處拉扱堆必須清除淨盡，據查現在原處之拉扱仍堆積如山。以後凡已清除拉扱各處，不得再倒拉扱，否則以市政府奉令不力論也。

中正　五月廿三日

三十三年五月廿四日上午九時卅分奉到。

賀耀組

1944 年 8 月 27 日

指示陳布雷發程遠帆五萬元

陳主任：

發程遠帆同志國幣五萬元，並酌派其辦理經濟方面工作，希核辦具報為要。

中正　卅三年八月廿七日

1944 年 9 月 5 日

指示熊式輝呈報研擬行政科學化之組織要領等

熊秘書長：

前囑研擬行政科學化之組織要領與搜羅人才、健全幹部二項之整個實施方案，請即擬具呈報為要。

中正　卅三年九月五日

三十三年九月六日上午九時奉到，並已照錄原文存局擬辦。

熊式輝

1944 年 10 月 13 日

指示陳布雷擬具發展戰後宣傳事業計畫

陳主任：

對於發展戰後宣傳事業，包括報紙通信社廣播與電影等各部門，希與梁部長共同研究設計，並擬具整個計劃呈報為要。

中正　十月十三日

1944年10月20日
指示何應欽等淪陷區黨政軍必須統一由黨部指揮

何總長、吳秘書長、張書記長、張秘書長：

淪陷省市黨政軍必須一元化，並應令黨員、團員積極
發動武裝游擊與地下軍之組織，隨時隨地與奸偽敵匪
鬥爭，但各地之組織必須統一於其省市之黨部。又淪
陷省市之負總責者，准有臨時發給黨政及游擊與地下
軍等委任之權，但必須慎重毋濫，並隨時呈報中央備
案。希照此意會擬具體辦法，並將各省市負責人選一
併呈核為要。

中正　卅三年十月廿日

卅三年十月廿一日奉到，並抄送吳秘書長、張書記長、
張秘書長。

何應欽

1944年11月23日
指示張治中等應以國民政府主席名義慰勞軍隊

張部長文白、谷代會長叔常、黃總幹事：

對於慰勞軍隊與抗屬事宜，嗣後應以慰勞總會代國府主
席名義行之，若徒以慰勞總會機關空洞名義，則不切實
效也。慰勞物品應盡量發給實物，如以遠道運輸困難，
亦應就軍隊與抗屬所在地購辦實物分發，又該會與軍隊
約定前往慰勞及致送慰勞品之日期與時間應嚴格遵守。
以上諸端均希特別注意辦理為要。

中正　卅三年十一月廿三日

已分致谷代會長及黃總幹事。

陳布雷　十一、廿三

本件十一月廿四日奉到。

張治中

1944 年 12 月 14 日
指示將各專校以上學校儀器教材及教員統計集中使用

此件文字修正後，抄送教育部長將全國各專校以上之各種儀器、教材及各種專科教員切實統計分類列表呈報。又教育部應將各種專科人才與儀器教材類集使用，以期增加教育功用與力謀科學之發展也。

中正　卅三年十二月十四日

〔浮簽〕　此件由沙秘書研究後，將委座原文酌加整理辦手啟代電移送布核閱後發。

委座原意當係指專科教授（尤其指理科實科）。又設備合全國統計本不甚充裕，分散使用尤不經濟，應謀類集使用，統盤規劃，以宏效能。所難者教部恐亦難得有儀器教材之確實統計材料者。

布　十二、十四

1945 年 1 月 6 日
指示賀耀組應切實整頓重慶市容

賀市長：

陪都市容有關國家威信，亟宜著實整頓，尤以保持街道
整齊清潔為最重要。除嚴令各市區警察切實督促市民執
行外，附近四郊尤應令每十戶至十五戶間應各設拉圾坑
一個，其大小深淺皆應規定，管理坑戶及取清拉圾之負
責人員及時間辦法皆須明令，並尤各該區警察負責執
行，使字紙及其他廢物之堆置皆有定所。至拉圾坑之籌
置應由各該區警察所長就地挖製，不得另籌經費，而由
市府限期督造，並每週按期檢查。希即令所屬統籌辦理
為要，又前令各甲必置公共廁所一節，現在辦理如何？
並希一併詳報。

中正　卅四年一月六日

三十四年一月七日上午十一時奉到。

賀耀組

1945 年 1 月 23 日
指示擬訂抗戰陣亡將士與人民入祀忠烈祠辦法

吳秘書長：

抗戰以來各地陣亡有功將士與人民，均應准其入祀各該
地之忠烈祠，用慰英靈。此事應通令各省縣市黨部儘速
發動舉辦，並先擬訂辦法呈核為要。

中正　三十四年一月廿三日

〔浮簽〕芷町兄：

此件似有研究。應否簽請酌核改為通令各省
縣市政府及黨部優先發動舉辦，而將此手諭
送達吳秘書長、張秘書長會商擬訂辦法呈
核。希酌辦。

布 一、廿三

1945 年 1 月 23 日
指示陳布雷召集設計與考核會議

陳主任：

擬於近期內召集設計與考核二種會議以及各專門委員
會，希會同熊秘書長天翼、沈秘書長成章及王秘書長等
擬具辦法呈報為要。

中正 卅四年一月廿三日

1945 年 2 月 2 日
指示張治中召開政工會議

張部長文白：

茲定於近期內召開政工會議，研討加強政工組織與工作
效能等問題，希即準備，並先擬具具體方案報核為要。

中正 三四年二月二日

本令二月三日上午奉到。

張治中

1945 年 2 月 3 日
指示賀耀組整頓重慶市容
賀市長：

前曾迭令整頓重慶市容，至少應保持街道與各巷衖之整潔，並每保設置晒衣場，每甲設拉圾坑與公廁等，目前辦理至如何程度，應即對照前令逐項分別切實列報，其未完成部份，務希於三月底以前辦竣報核為要。

中正　卅四年二月九日

三十四年二月十日下午一時奉到。

賀耀組

1945 年 2 月 6 日
指示吳鼎昌、陳布雷組織總檢討會
吳文官長、陳主任：

關於提高行政效率與去年工作檢討報告事，應即組織總檢討會議，由吳文官長擬定參加會議人員及檢討辦法，與會議日程規劃呈核，並由文官長為召集人可也。

中正　二月六日

謹閱。送吳文官長。

陳布雷

1945 年 2 月 9 日
聘周貽春為國民政府顧問
吳文官長：

聘周貽春為國民政府顧問。

中正　卅四年二月九日

1945 年 2 月 16 日
指示王東原中央各部會主官與技術人員應入黨政班集訓

王教育長東原：

對於中央各部會辦理宣傳、會計、審計、司法等各級主官，以及辦理電影、廣播等高級技術人員等，皆應由黨政班定期集訓。希與有關各機關共同商議擬具訓練計劃呈報為要。

中正　二月十六日

二月十六日奉到。

王東原

1945 年 2 月 16 日
准吳文藻等三人入黨政班受訓

王教育長東原：

國防最高委員會參事吳文藻、中央通訊社主任湯德臣與國際電台科長彭樂善三員准入黨政班受訓可也。

中正　二月十六日

二月十六日奉到。

王東原

1945 年 2 月 20 日
指示賀耀組取締汽車行駛時車外攀搭乘客

重慶賀市長耀組：

查汽車行馳時車箱之外攀搭旅客，此種有違禁律且危及
生命之行為，警察應嚴屬干涉取締。茲後若再有上述情
事，而警察忽視職責，無論在市內郊外，無論公私車
輛，在某一警察區發現後必嚴懲該區站岡警察及該區警
察區長。希即飭知所屬遵照為要。

中正　卅四年二月廿日

三十四年二月二十日下午七時奉到。

賀耀組

1945 年 2 月 20 日
指示賀耀組澈底清除重慶市區堆積垃圾

重慶賀市長耀組：

查重慶市區街道巷里間垃圾堆積，以及紙屑果皮所在皆
是，尤以馬路兩側居民任意便溺，非特有汙市容，抑且
有礙國體，著即擬具澈底清除與禁絕辦法，限半月內呈
核為要。

中正　卅四年二月廿日

三十四年二月二十日下午七時奉到。

賀耀組

1945 年 3 月 9 日
指示王世杰、陳布雷反蘇言論應一律禁止
王部長雪艇、陳主任布雷：

今後對於反蘇言論應一律禁止，希通飭各有關機關切實負責辦理為要。

中正　卅四年三月九日

1945 年 3 月 27 日
指示王東原等中央黨政軍各部會官長應入黨訓班受訓
王教育長東原、段主任委員貽書：

凡中央黨政軍各部會自次長副部長以下至科長以上各人員，皆應參加黨訓班受訓，次長等可擔任為指導員，其餘為學員。希照此擬具整個計劃呈報為要。

中正　三月廿七日

1945 年 3 月 29 日
指示王東原黨政訓練班畢業學員應考察評定優劣
王教育長東原、段主任委員：

黨政訓練班已畢業學員，今年仍應照去年例選派指導員或訓育幹事分組、分區前往考察，對各學員之工作成績服務精神及其信仰之是否堅定等等，去年考績應評定優劣加註考語。除一面將優上等者準備公布，以資激勵，一面將劣下者密告其本人，俾知所改正。今年視察人員名單，希擬具候核。又去年視察報告及講評，希摘要列表呈閱。又視察人員之報告，及其在視察中之言行是否合適，亦應查核為要。

中正　三月廿九日

1945年4月5日
指示王東原令國防研究院學員研訂國防十年計畫
王主任東原：

希令國防研究院各學員先研訂國防十年計劃細目一覽表，呈閱為要。

中正　四月五日

四月六日午後三時奉到。
王東原

1945年4月25日
指示賀耀組取締重慶市內任意抬高物價之商店攤販
賀市長：

對於市區內不遵照政府法令、任意高抬物價之商店攤販等，均應嚴格照章處罰，如有屢誡不悛者，應撤銷其營業執照，予以強制停業之處分。希由該市長切實負責辦理，並詳報辦法為要。

中正　卅四年四月廿五日

三十四年四月二十六日上午八時三十分奉到。
賀耀組

1945 年 4 月 25 日
指示陳布雷令財政部各發吳經熊、陶孟和美金三千元

陳主任布雷：

希令財政部發吳經熊、陶孟和二君美金各叁仟圓，並代
為領取分別送滙，作為其在美購辦圖書之用為要。

中正　卅四年四月廿五日

〔浮簽〕　一、吳經熊款匯寄舊金山總領事館轉交。

　　　　　二、陶孟和聞尚未出國，由陳秘書叔源轉交。

　　　　　翁達謹簽　四、二六

1945 年 5 月 15 日
指示賀耀組等取締重慶賭博之風

賀市長、王衛戍總司令、張憲兵司令：

近聞重慶賭博之風甚熾，應即負責查禁，對於黨軍政高
級人員及其家屬尤應特別嚴格執行，毋得畏避權勢，稍
存姑息，否則以各區衛戍憲警主管人員玩忽職守之罪按
律論處，希即遵照並通令所屬一體遵照辦理為要。

蔣中正　卅四年五月十五日

已分別通知王總司令及張司令。

陳布雷　五、十六

三十四年五月十六日下午七時奉到。

賀耀組

1945 年5 月15 日
指示賀耀組密查重慶機關住戶偷電偷水與不付費者
賀市長、唐局長：

重慶公私機關住戶偷電、偷水，以及用電、用水而強不付費者，希於五月卅日以前分別密查列冊詳報為要。

中正　卅四年五月十五日

三十四年五月十五日下午六時三十分奉到。

賀耀組

1945 年6 月20 日
指示中央社社長等發稿誤植應從嚴懲處
吳秘書長、王部長、陳主任：

六月十六日廣州蒙難紀念，而中央社誤為倫敦蒙難紀念。此種錯誤決非尋常之事可比，應將中央社社長及其負責發稿者從嚴懲處，以為對黨不忠對職不實者戒，如何懲處，希即呈報。須知此事誠貽笑中外，實為本黨之羞也。

中正　六月廿日

1945 年6 月28 日
指示中央銀行發開封緊急救濟費五百億元
發開封緊急救濟費洋伍佰億圓。

鄭州中央銀行行長

中正　六月二十八日

廖專員就原手令查對用途呈報。

方　七、四

1945 年 6 月 28 日
指示中央銀行發劉茂恩臨時經費二千億元
發劉主席臨時經費貳千億圓。

鄭州中央銀行行長

中正　六月二十八日

1945 年 6 月 28 日
指示中央銀行發開封教職員學生救濟費三百億
發開封教職員生救濟費洋叁百億圓整。

鄭州中銀行行長

六月二十八日　中正

1945 年 7 月 1 日
指示查報人力車改製腳踏自動車案辦理情形
陳局長芷汀：

上年或今年初手令各省市長改製人力車為腳踏自動車
案，其期限似已過期。各省市有否切實遵行，一面擬
令查報，一面應將揚奉陰違之主管嚴加處分辦法詳擬
呈核。

中正　七月一日

1945 年 7 月 17 日
指示陳誠取消各縣自衛團任務

陳部長辭修：

據報各縣自衛團多不能遵守紀律，反足騷擾地方治安，
可即予取消其所負任務，應妥籌接替辦法呈核為要。

中正　卅四年七月十七日

林蔚代

七、十八

1945 年 7 月 17 日
指示張治中應對官兵講解共黨陰謀與剿匪等職責

張部長文白：

對於共黨禍國殃民之罪惡與陰謀，以及中央抗戰建國、
安內攘外、剿匪禦侮等項理論與職責，應隨時對官兵剴
切講解，以提高官兵忠黨愛國之熱忱，而激發其對於共
黨之警覺心與敵愾心，毋使其因中央對於共黨謀取政治
解決之宣傳而生怠忽之心理，尤須使其明瞭中央以政治
方法解決政治問題之決心另為一事。但共黨軍隊騷擾地
方、襲擊國軍之土匪行動，實為國法所不容，必須予以
武力制裁又為一事。詳切宣述，使知安內戡亂之舉絕非
內戰，而為我國軍討平叛逆剿治匪亂應有之責任，凡此
等理論上之重要意義，應為每一官兵所共曉。希本此要
旨妥擬宣傳辦法呈核，又政治部現對士兵宣傳之刊物有
幾種？希一併列報為要。

中正　三十四年七月十七日

卅四年七月十九日上午十二時收到。

張治中

1945 年9月4日

任熊式輝等為東北行營政治委員會主任委員等

特派熊式輝為東北行營政治委員會主任委員。

特派莫德惠、朱霽青、萬福麟、馬占山、鄒作華、馮庸
為東北行營政治委員會委員。

特派張嘉璈為東北行營經濟委員會主任委員。

任命徐箴為遼寧省政府委員兼主席。

任命高惜冰為安東省政府委員兼主席。

任命劉翰東為遼北省政府委員兼主席。

任命鄭道儒為吉林省政府委員兼主席。

任命關吉玉為松江省政府委員兼主席。

任命吳瀚濤為合江省政府委員兼主席。

任命韓駿傑為黑龍江省政府委員兼主席。

任命彭濟羣為嫩江省政府委員兼主席。

任命吳煥章為興安省政府委員兼主席。

任命沈怡為大連市市長。

任命楊綽庵為哈爾濱市市長。

蔣中正

交院發表。

中正

道鄰　卅四、八、四

1945 年 9 月 8 日
批劉多荃呈熱河省委員與廳長人選簡歷請核定任命

國民政府文官處呈　三十四年九月八日

熱河省政府主席劉多荃九月七日簽呈

內容摘要：（事由）繕呈省府委員廳長人選簡歷，請核定任命。

奉諭恢復本省正常組織，所有省府主要人員，經悉心遴選，查有洪聲等堪任委員及各廳廳長等職，理合繕具各該員簡歷，恭請核定任命。

附呈原簽呈一件

擬辦：擬交行政院。

批示：照修正名單交行政院，再加斟酌可也。

中正

交文書局。

1945 年 9 月 10 日
任陳方為文官處政務局長

派陳方為文官處政務局長。

中正　九月十日

1945 年 9 月 12 日
指示俞飛鵬研擬陸海空交通計畫

俞部長樵峰：

希將目前交通措施方案呈報，並依照余迭次指示研擬今後陸海空交通計劃報核為要。

中正　卅四年九月十二日

俞飛鵬

九月十三日下午四時卅分收到。

1945 年9 月17 日
任商震為國民政府參軍長
特任商震為國民政府參軍長。

中正　九月十七日

1945 年9 月17 日
任呂超為軍事參議官
參軍長呂超調軍事參議官。

中正　九月十七日

1945 年9 月25 日
指示俞飛鵬等集中興築天水至桂林等三線鐵道
俞部長樵峰、吳秘書長達銓：

今後第一期五年鐵道建設計劃集中於興築：（一）自天水經成都、重慶、貴陽，以迄於桂林；（二）自天水經蘭州，以迄安西；（三）自瀘州至昆明等三線。務希照此辦理，如期完成，勿誤為要。

中正　卅四年九月廿五日

已通知吳秘書長。

陳布雷　九、廿六

卅四年九月廿六日奉到。

俞飛鵬

1945 年10 月20 日
指示吳鼎昌擬具全國調查戶政、地政等工作辦法
吳文官長：

關于全國調查戶口、登記財產及丈量土地與整理地籍諸
事最為重要，希即召集各有關主管機關主管，會商具體
督促進行與考核辦法，及開始實施時期完成期限等，呈
報為要。

卅四年十月廿日

1945 年11 月3 日
指示俞飛鵬擬具川江航行改善計畫
俞部長樵峰：

川江航行均應設計機器木船，各急水險灘均加設紋灘機
器以利航運。希依此擬訂五年計劃實施，務在五年內將
拉縴民船掃除為要。

中正　卅四年十一月三日

俞飛鵬　十一月四日

1945 年11 月29 日
指示陳布雷彙編抗戰以來告日本軍民文告
陳副秘書長布雷：

余於抗戰以來，迭次告日本軍民之文告，希即彙編成
冊，並譯成中日文對照本分發俘虜閱讀為要。

中正　卅四年十一月廿九日

十一月二十九日夜十時收到。

1945 年 12 月 11 日
指示陳布雷擬具全國人民書告

陳副秘書長布雷：

茲擬對全國人民發表書告，其內容要點如下：（一）述說目前國內外時事錯綜複雜之情勢，以及戰事初定，政府一切設施容有未週之處，但此係過渡時期之現象，政府決心即求改善；（二）闡明政府對於國家，及人民對於國家應有之責任。（三）我國家人民對於時代應負之使命；（四）勗勉國人堅定心志，明是非、辨利害，為國家整個前途著想，不為謠言所搖惑，希望：（1）軍民要有互信，對國家要有自信；（2）今後政府當嚴厲處治貪汙，並將全國普設告密箱，希望人民忠實檢舉；（3）希望全國精誠團結，達成抗戰建國之偉大目的等，並參酌余平日對此各種宣示撰擬呈核，同時並針對以上各點，擬具對全國黨政軍各級人員切實告誡策勉之詞辭一篇，一併呈核為要。

中正手啟。亥真府交。

卅四年十二月十一日

奉諭照發。

吳鼎昌　十二、十一

周鑫繕　卅四、十二、十一

卅四、十二、十一發。

新霈

1945 年 12 月 11 日
指示陳布雷研究吸收與訓練新宣傳與理論幹部之計畫

陳副秘書長布雷：

希研究吸收與訓練新的宣傳與理論幹部之計劃呈報
為要。

中正手啟。亥真府交丙。

卅四年十二月十一日

奉諭照發。

吳鼎昌　十二、十一

周鑫緒　卅四、十二、十一

卅四、十二、十一發。

新霈

1945 年 12 月 11 日
指示吳鐵城令長江船舶調委會助韓國臨時政府人員去滬

吳秘書長鐵城：

韓國臨時政府人員及其眷屬留渝候輪去滬者，希令長江
船舶調配委員會指撥艙位，並由中央黨部負責協助其東
下，不可任令其乘搭民船，以示優待為要。

中正手啟。亥真府交。

卅四年十二月十一日

奉諭照發。

吳鼎昌　十二、十一

周鑫緒　卅四、十二、十一

卅四、十二、十一發。

新霈

1945 年 12 月 11 日
指示張治中擬訂派員慰勞東北蘇聯軍隊辦法
張政治部長：

對於東北蘇聯軍隊，我政府應派員前往慰勞，希擬訂辦
法呈核為要。

中正手啟。亥真府交。

卅四年十二月十一日

奉諭照發。

吳鼎昌　十二、十一

周鑫緒　卅四、十二、十一

卅四、十二、十一發。

新霈

1945 年 12 月 11 日
指示陳立夫等訓勉黨政班學員
陳部長立夫、鄭副秘書長彥棻：

今後中央與地方各級行政機關，應使之有一種新作風，
即以理論為行動之依據，以行動實踐理論，希訓勉黨政
班及高級班之畢業學員，首先遵循實行為要。

中正手啟。亥真府交。

卅四年十二月十一日

奉諭照發。

吳鼎昌　十二、十一

周鑫緒　卅四、十二、十一

卅四、十二、十一發。

新霈

1945 年12 月11 日

指示吳鐵城令黨員、團員應為人民服務

吳秘書長鐵城、張書記長文白：

黨員、團員應以協助人民、為人民服務作為應盡之義務與責任，並不得有干涉人民權利之行為。希通令一體知照，切實遵行為要。

中正手啟。亥真府交丙。

卅四年十二月十一日

奉諭照發。

吳鼎昌　十二、十一

周鑫緒　卅四、十二、十一

卅四、十二、十一發。

新霈

1945 年12 月11 日

指示蔣夢麟各省市政府內應設置新聞組

蔣秘書長：

各省市政府內可設置新聞組，由當地黨部主管宣傳人員兼任，並任中央宣傳部之指導員負責對外發佈消息，並

接待外籍記者，對本地政情與社會等作有計劃之介紹。
希由院商同中央宣傳部擬訂辦法實施為要。
中正手啟。亥真府交戊。
卅四年十二月十一日

奉諭照發。
吳鼎昌　十二、十一
周鑫緒　卅四、十二、十一
卅四、十二、十一發。
新霈

1945 年12 月11 日
指示吳鐵城擬訂黨部、團部慰問各地軍隊辦法
吳秘書長鐵城、張書記長文白：
對各地軍隊，應由當地黨部、團部分別前往慰問，希擬
訂具體辦法呈核為要。
中正手啟。亥真府交丁。
中華民國卅四年十二月十一日

奉諭照發。
吳鼎昌　十二、十一
周鑫緒　卅四、十二、十一
卅四、十二、十一發。
新霈

1945 年12 月28 日
指示俞飛鵬應提前船運警察至南京

俞交通部長：

南京服務警察（一千五百名）應提前水運為要，希即與
警官學校接洽，勿誤。

中正　卅四年十二月廿八日

1946 年 4 月 16 日

指示吳鼎昌還都後黨政軍各部應派員留渝主持未竟事務

國民政府還都以後，行政院、中央黨部及軍委會均應派高級人員留渝主持其未了事務，而宣傳部、組織部及社會部等更應指定次長階級一人留渝繼續辦事，並指揮其在渝所屬各級機關處理一切事務。而黨政軍三方應聯合組織一辦事處，特派朱副總長紹良為中央駐渝各機關負責領導者，凡中央留渝黨政軍機關及其負責人員，概歸其負責指揮。請照此意召集有關主管人員擬定具體辦法，並著手組織，限本月二十五日以前組織成立，開始工作為要。

吳文官長

中正　三十五年四月十五日

1946 年 5 月 13 日

指示民生公司五月份運糧須運足一萬噸

令民生公司五月份運糧必須運足壹萬噸，不得延誤。

中正　五月十三日

〔浮簽〕即代電行政院宋院長、交通部俞部長轉飭遵照，並代電糧食食[3]徐部長知照。

　　　　方　五、十三

3　原文衍字，依前後文意應指「糧食部」。

1946 年 5 月 15 日
批吳鼎昌呈撤銷軍事委員會改設國防部

吳鼎昌呈　　三十五年五月十五日

事由：本月十五日國防最高委員會會議通過撤銷軍事委員會，改設國防部，特任白崇禧為國防部部長，陳誠為參謀總長，及經濟部部長翁文灝辭職照准，特任王雲五為經濟部部長，交通部部長俞飛鵬辭職照准，特任俞大維為交通部部長各案，謹擬具令稿一紙，簽請鈞核。再此項明令應於何日公布，並乞批示祇遵。謹呈

主席蔣

批示：照辦，惟國防部與參謀總長令待國防部組織法通過後再發表。

中正

交文書局存，候發表。

1946 年 5 月 22 日
指示彭學沛切實研究共產黨宣傳戰術對策

彭部長學沛、袁副部長守謙：

共產黨對於軍事、政治、教育、社會各方面之宣傳戰術，以及其所運用之方法、技術等應切實研究，於每星期檢討一次詳加分析，務必求其澈底瞭解，然後再研究對策實施具報為要。

卅五年五月廿二日

1946 年6 月13 日
指示彭學沛取消電影放映前觀眾向領袖照片立正致敬
彭部長浩徐：

全國各地開映電影之前放映總理與余之照片，聞每次觀
眾皆須向照片立正致敬，此節應即取消，希即通令遵照
為要。

卅五年六月十三日

1946 年7 月1 日
派陳立夫主持上海黨政軍小組會報並全權指揮
密令中央黨部、行政院及陳總長：

特派陳部長立夫主持上海黨政軍小組會報，並全權處
理黨政軍重要事宜，黨政軍各主管長官皆受其直接指
揮為要。

蔣中正手令　七月一日

先電話通知吳市長、陳部長。

〔浮簽〕此電話通知請局長鈞辦。
　　　　職戰定　七、一

1946 年7 月3 日
指示監察院令監察使切實查報鄉鎮長非法攤派情形
據報各省鄉鎮長在地方非法攤派，每月有多至幾百美元
者，應由監察院令各省區監察使切實查報為要。

1946 年 7 月 20 日
批俞濟時呈報蘇俄擬將旅順周圍一百英哩劃為演習區

職俞濟時呈　七月二十日

蘇聯擬將旅順週圍一百英哩劃為演習及封鎖區情報之擬
辦意見　附要圖一份

鄭介民據毛森六月二十一日，自滬塔斯分社所得情報
摘要：旅順一百英里半徑週圍之海面，及該區北緯卅
八度以東七十五英里之海面，悉包括在蘇聯遠東艦隊夏季
演習範圍內，一俟演習完畢，該處海面即定為封鎖區域。

（意見一）其靠近山東海面之水域，為滬津航線必經，
　　　　　似不能任其封鎖。

（意見二）似係蘇聯支持奸偽之示威行為。

陳總長核辦意見：

（一）其演習應通知我方。

（二）以旅順港一百英哩半徑周圍海面為演習範圍，
　　　並定為封鎖區，顯屬侵害主權。

處置：一、已向第一綏靖區司令部及蘇聯駐華武官署查
詢真象。

擬辦：擬將情報抄知外交部，並飭將查詢結果報核。

二、已電海空軍總部注意蘇軍動向。

擬辦：呈閱。

三、似應向蘇聯提出交涉，組成旅順港中蘇軍事委員
會。當否？乞示。

擬辦：查中蘇軍事委員會之編組，於五月十三日奉鈞批
「緩議」在卷，是否應即組成，擬俟陳總長查明真象後
再議。

批示：此可暫時不理，判斷此種情報完全為反間宣傳作用。此時俄不能擅自擴張旅順範圍，違反國際公法也。

1946 年9 月1 日
批鄭介民報告將九龍杯及玉鼎送中央博物院保養
報告　三十五年九月一日　秘京發一一三九號

據生局北平負責同志馬漢三來京談稱：「戴故局長於三月十三日離北平時，曾攜去九龍杯及玉鼎各一隻，行前曾語職云，該物均係獻呈領袖者。不幸戴故局長遇難，人機俱燬，此項杯鼎因係玉質，或尚倖存」等語。比經派員赴戴山失事地點尋覓，業經當地保長將原物繳出，並飭據馬漢三查復稱：「該九龍杯係周穆王十二年犬戎所貢，周幽王十一年因亂失落民間，金元時復入貢，迨清遜帝離宮，咸豐某妃密攜出宮，轉輾留於劉光克之手。抗戰時劉交日人塚田信雄，請其轉獻東條英機，經塚田密予扣留，勝利後始由塚田、劉光克會同獻呈戴故局長者」等語。查該項杯鼎因經大煆，光澤俱失，類似陶器，似已變質，且九龍杯亦有裂損，彈之作瓦缶聲。惟以屬前代創製，歷經劫難，固仍不失為古物，故擬將該項九龍杯及玉鼎各一件，移送中央博物院接收保管。是否有當？恭請鑒核示遵。謹呈

校座

生鄭介民

擬辦：請准將周代古物九龍杯及玉鼎各一隻移送中央博物院保管。

擬摘要。

擬予照准。

如擬，九、三。

毛景彪

批示：可。

又奉局長眉批，頃經國兄面告此古物著送本局，暫存兄
處，候主席回京呈閱再搬。此致

毛副局長

收據

茲收到

國民政府軍務局轉奉交下周代玉質九龍杯一件及說明書
一份，除轉送中央博物院保管外。此據。

代理院長朱家驊

中華民國三十六年元月七日

1946 年 9 月 19 日

指示陳果夫等國軍收復縣份應開辦農民銀行

陳董事長果夫、李總經理叔明：

凡經國軍收復之縣份，應迅速開辦農民銀行支行或辦事
處，協助收復區經濟建設事宜，對於農村土地證券一
項，前經面囑，希早作準備為要。中正。

1946 年 9 月 19 日

指示軍務、政務局注意中央與地方政治軍事人員聯絡

俞局長：

軍務、政務二局對於中央及地方政治軍事人員之聯絡應

特加注意，軍務局對於社會、宗教、教育等各方面之活動，與其人事組織等情形，尤應策劃督飭二調統局詳密調查聯絡運用，希照此分別擬研辦法具報為要。

中正　卅五年九月十九日

1946 年10 月14 日

任傅作義等為察哈爾省主席等

吳文官長：

請即日發表如下各令：

察哈爾省政府委員兼主席另有任用，准免本兼各職。

任馮欽哉為第十二戰區副司令長官。

調傅作義為察哈爾省政府委員兼主席。

任董其武為綏遠省政府委員兼主席。

分別通知行政院、國防部。

中正　十月十四日

遵辦可。

1946 年12 月5 日

批鄭介民報告呈獻珠蚌及牙柿雕刻品

報告　卅五年十二月五日

據東北行轅督察處處長文強同志轉據瀋陽警備司令部督察處處長荊有章同志報告稱：

查瀋陽日僑北玲一氏及中島攜有珠蚌及牙柿雕刻品各一具，該等以其鐫刻之精，實為世界第一流藝術珍品，故均自動獻呈蘇建之同志轉獻鈞局。至於此項珠蚌及牙柿

之來源及其價值，具如附呈之報告書。謹將原物送呈，擬請轉獻領袖，以示崇敬等語。並附呈珠蚌及牙柿雕刻品各乙件及其來源報告書一份前來，理合抄具來源報告書連同原物兩件，一併呈獻鈞座，恭請察納為禱。謹呈
校座
附呈珠蚌、牙柿雕刻品各乙件、來源報告書乙份。
生鄭介民
批示：此二物准收交古物陳列所，並由政務局取收條憑信為要。
中正

收據
茲收到
國民政府軍務局轉奉主席交下珠蚌（附真珠三顆）及牙柿雕刻品各一件。此據。
代理院長朱家驊
中華民國三十五年十二月二十五日

1946年12月23日
指示查明大剛報投書要求政府調薪案
大剛報登函
化名王震將李振平書信寄大剛報發佈，藉以刺激政府為公務[4]加薪。
此函係財政部發出，經查並無其人及自殺事件。該部僅

4　漏一員字，上下文意應為「公務員」。

有歐陽鷗向徐蕙小姐下跪求婚，徐以歐陽係公務員，無
法養活，未答允，致歐陽昏倒地上事件發生。可能借題
發揮擴大渲染，以刺激當局調整待遇等語。

批示：這封信要追究發信人及其機關，限三日內查明
呈報。

中正　卅五年十二月廿二日

1947 年 2 月 28 日
提名孫科等為國民政府委員
孫科、居正、于右任、戴傳賢、張羣、張繼、鄒魯、宋子文、翁文灝、王寵惠、章嘉、邵力子、王世杰、蔣夢麟、鈕永建、吳忠信、陳布雷、莫德惠、陳輝德、王雲五、鮑爾漢

1947 年 3 月 16 日
指示江杓查報可到滬物資數量
江局長杓：

現到滬卡車與吉普車尚存幾何？本月與下月份可到滬者幾何？軍用罐頭與乾糧種類數量最近一月內可運到滬者幾何？其總數已經檢定者幾何？又軍用鞋襪及軍毯等種品數目請先詳報。

中正

1947 年 3 月 19 日
指示翁文灝等召集會議商討徵實徵借事宜
翁副院長、蔣秘書長：

關於徵實、徵借事宜，可召集來京出席全會之各有關省政府之主席開會商討，並約財政、糧食二部部長參加，由中親自主席，預定下星期日上午十時開會為要。

1947 年 3 月 19 日
指示劉斐擬訂密碼保密規則
劉次長為章：

密碼保密之技術戰對於剿匪工作殊關重要，為提高各軍
事長官及電務人員之警覺起見，可稱為密碼戰術。此種
工作首重保密，希即擬訂簡單有效之保密規則，嚴令各
級主管及主管人員切實遵守為要。

中正　卅六年三月十九日

技研室遵辦具報。

侯騰　三、廿

專員室五科，遵辦具報。

三、廿一、十七時　芬

1947 年 3 月 19 日
指示吳鼎昌國民大會堂交勵志社負責接管

吳文官長：

國民大會堂可交勵志社負責接管，希即辦理具報為要。

中正

交政務局簽復。

1947 年 3 月 31 日
批陳納德送改善行政院救濟總署空運隊報告

周總司令、俞交通部長：

文內除外匯一項另行批示外，其他各項交空軍周總司令
會同交通俞部長切實協議，凡可通融，而無礙於主權者
可予以方便，以示優遇之意。

中正　卅六年三月卅一日

1947 年 4 月 17 日
聘宋慶齡等為國民政府顧問
顧問

宋慶齡、胡毅生、劉哲、魏懷、陳其采，以上原為國府
委員。

許崇智、陳樹人、陳策、張鈁、堯樂博士、迪魯瓦，以
上十一人聘為國府顧問。

中正　卅六、四、十七

附抄原任顧問名單

鄧家彥、黃復生、許崇灝、焦易堂、馮自由、喬義生、
周震鱗、姚雨平、李培基、許世英、張國淦、孫丹林、
俞飛鵬、劉治洲、張廷諤

1947 年 4 月 17 日
聘蕭萱為國民政府顧問
蕭萱為國府顧問。

中正　卅六年四月十七日

1947 年 4 月 17 日
聘丁惟汾為國民政府顧問
吳文官長：

聘丁惟汾為國府顧問。

中正

1947 年 5 月 10 日
任薛岳為國民政府參軍長
吳文官長：

任薛岳為國府參軍長，商震參軍長另有任用，著免職。

中正

閱了，即日發表了。

1947 年 5 月 2 日
批中央黨政軍聯席會報擬具肅清後方奸偽潛伏分子辦法
中央黨政軍聯席會報　吳主席、陳副主席五月二日簽呈
為安定後方，擬具肅清後方奸偽潛伏份子辦法，呈乞核
示等情。經酌加修正，連同原辦法一併呈核。

擬辦：本案前據吳秘書長等呈送到府，經於四月十四日
列呈，尚未奉批，茲再補呈。謹註。

職俞濟時呈　五月五日

批示：可令照此準備，隨時候令實使可也。

中正

1947 年 5 月 18 日
批邱清泉電請指示戰略
邱清泉篠日來電

事由：辰刪未府機手諭，輾轉至十七日十四時方奉悉。
兩日來沈、吳皆已南調新泰附近，胡師開往蒙陰附近。
職頃又奉總司令顧空投手令放棄吐絲口，以一師守萊
蕪，主力轉移至蒙陰寨。茲遙聞匪軍已北逃，急應遵鈞

令北上截擊敗逃之匪，方為上策。究應如何？乞示遵，
並由國防部HTN電台直達為禱。

擬辦：原件呈核。

辰刪未府機手令係指示匪注全力在我右翼，應乘機急打
通濟南與吐絲口交通線，務於巧日前完成任務，並積極
進取博山，斷匪退路等因。謹註。

職俞濟時呈　五月十八日一時卅分

批示：復遵照。顧總司令命令實施一也，惟吐絲口萬不
可放棄，應固守勿失，以及無論任何密碼，凡戰略有關
之事，切勿用無線電報告，應用有線電話傳達，勿誤。
中正

1947年5月19日
任常乃惠為國民政府委員
選任常乃惠為國民政府委員。
中正

1947年6月6日
批向美國、加拿大、法國洽購械彈案
前有批示以前預備在法國購彈美金經費項下先撥用之款
是何款？查報。

1947年6月7日
令徐傅霖為國民政府委員
選任徐傅霖為國民政府委員。此令。
中正

1947 年 6 月 18 日

批湯恩伯呈報部隊士氣低落情緒頹喪原因

職薛岳（俞濟時代）呈　三十六年六月十八日

湯恩伯六月十四日函呈

內容摘要：職胃痛已輕減，惟膽囊炎尚須再作數週靜養，數月體察所及，謹呈供參考。

一、 目前一般部隊士氣低落，幹部情緒頹喪，均缺乏剿匪信心，都抱消極心理。原因如左：

　　1. 部隊整編造成許多不公平。

　　2. 幹部升晉去留，專講關係連絡，失公正標準。

　　3. 補充裝備、待遇有失公允。

　　4. 樹立派系，造成磨擦，不顧大體。

　　5. 有人利用整軍國策，而圖自私。

二、 糾正目前弊病，必須提高正義，發揮崇高的感情。

三、 高級將領對下事事拘束，大官專做小事，小官則無事可做，不論事之大小，均握在大官一人手裡，結果累死了大官自己，也害死了小官，此種作風不改，無法提高各級指揮官之情緒。

四、 治貧者勻，治憤者平，治亂者定，目前毛病就在不勻、不平、不定。

擬辦：呈閱。

批示：抄送陳總長注意將領之心理，應加以糾正與設法剖明並無不公之事實。

中正

五、 幕僚對主官之影響甚鉅，此次李天霞師長之被誤解，完全係出陸總部徐署長一人。

〔浮簽〕 謹按徐署長志勗之為人陰險成性，溯民廿八
年反攻南昌之役，七十九師師長段朗如之伏
法，暨廿九軍軍長陳安寶之陣亡，其主咎均
係徐志勗之過。蓋當時徐志勗覬覦七九師師
長職位，乃不擇手段，連絡該師團長以上控
告段師長，段遂因之伏法，致軍心渙散，而
致陳軍長之陣亡。謹註呈參考。

批示：徐志勗應即撤換，並令來京備詢。

■ 已辦。6/27

六、 部隊勞逸，應力求平勻，須相機給予休整機會，
張師長靈甫曾說過「我們是沒爹娘的孤兒，拖死為
止，打光完事」。

七、 七十四、八十三兩師最好調往濟南，歸王耀武負責
整補指揮，如此不僅可安定官兵心理，加強團結，
且能迅速恢復力量。李天霞是一員能幹的將領，職
可以人格擔保，此次事出有因，務懇輕恕。八十三
師目前需要李天霞回去整理，戴罪圖功。

〔浮簽〕 查 74D 整訓地點，前據邱維達報告，奉鈞
批，核准改移津浦南段地區在案，已交陳總
長核辦具報，尚未據復。謹註。

八、 魯中尚有若干部隊，需要調整，否則易出毛病。

九、 鈞座今天的意旨，未能貫徹到部隊，而部隊之實
情，和部下之苦衷，亦未必能上達，此實目前最大
之危機。國軍過去萬眾一心，堅強無比，全繫於
鈞座偉大真誠精神之感召，今根本動搖，安得不
危不敗。

十、 今天有不少忠實幹部徬徨歧途，同流合汙，於心不
　　 忍，挺而走險，於理不全，獨善其身，事不可能。

十一、 鈞座如能事事負責，決不至下情不能上達，更
　　　 不至命令不出都門。

十二、 剿匪軍事，有全面檢討和加強之必要。

十三、 我們的毛病不在外界，而在本身，不在下級，而
　　　 在上層，由自私而產生派系，由派系而起糾紛，
　　　 力量分散，互相對消。與其束手待斃，或坐待共
　　　 黨清算，不如自己起來，作最后之改革和掙紮。

再稟者，首都衛戍司令一職，張鎮代理已久，且能與憲
兵業務配合，事權統一，辦事較易，擬請准真除。職個
人有以下各項志願：

一、 請指定一地區，准率編餘之舊日官兵，前往屯
　　 墾，作生聚安頓之計。

二、 請調至鈞前，充任侍從幕僚，藉聆訓誨，充實人
　　 生內容。

三、 請准出國見學，藉增識見。

〔浮簽〕 前據張鎮報告，請辭代理首都衛戍司令職務，
　　　　 並據湯恩伯報告，請以張鎮繼任首都衛戍司令
　　　　 各案，經先後列呈，奉鈞批，已交陳總長核辦
　　　　 在案，尚未據復。謹註。

茲派陳大慶同志來京叩謁，乞准賜見訓示為禱。

擬辦：呈核。

批示：可。

已通知交際科值日室辦理。

■ 6/23

1947年7月2日
批徐堪呈請派代表出席國際統計學會

吳鼎昌呈　三十六年七月二日

徐堪七月二日簽呈

事由：擬派遣正副代表及顧問各一人出席國際統計學會，可否？祈核示。

准外交部公函，以准美國大使館照會，以國際統計學會第二十五屆會議定於本年九月六日至十八日在華盛頓舉行，請中國政府派遣代表參加，並准聯合國經濟社會理事會統計局六月三日公函，以本年九月在華盛頓召開世界統計大會請查照各等由。

查國際統計學會歷史悠久，每屆年會均由所在國之元首主持，本屆由杜魯門總統擔任名譽主席。既准美國政府邀請我國派遣代表團參加，為謀與聯合國通力合作，暨採取新近統計方法，以改進我國之統計事業起見，似宜遴派代表屆期前往出席。如蒙俞允，擬力事撙節，祇派正副代表及顧問各一人，並擬以朱君毅為正代表，金國寶為副代表，吳定良為顧問，其所需各費，即依照外交部規定標準，呈請核撥。是否可行？理合簽請鑒核示遵。

附呈履歷三份

擬辦：國際統計學會素為國際所重視，為謀我國與各國及聯合國在統計事業上密切合作起見，似有派員出席之必要。所擬正副代表朱君毅、金國寶，顧問吳定良等均

為研究統計之專門人才，資歷相宜，擬請准予照派。

批示：最多只派二人可也。

中正

1947 年7 月4 日
批馬鴻逵呈請飭劉國運配合陸空協同作戰

馬鴻逵吳忠堡來午東電

事由：迭據各方報告，匪連日先後北調約八個旅、兩三萬人之眾，企圖進犯寧夏。職為除國患及報鈞座知遇，雖裝備稍差，然亦當竭盡全力剿除來匪，刻為誘匪深入，一舉而收殲滅之效起見，已將全部兵力在金、靈附近集結完竣，準備相機予以痛擊。惟鑒於過去三邊環縣作戰，陸空之未能有效配合，貽誤頗大，擬懇電飭西安劉司令常以話報機與職逐取連絡（重要者仍當以電報連絡），以期陸空密切協同，而收殲匪之效。是否有當，謹電請核示為禱。

擬辦：原件呈閱，擬准照辦。

職薛岳（俞濟時代）呈　七月三日

批示：如擬，並復嘉勉。並令西安空軍劉司令派員前往寧夏，與馬主席切實洽商密切聯繫辦法。

中正

辦公室已登記。

七、四

1947 年 7 月 8 日

批郭懺報告改裝裝甲車工作進度

郭懺七月八日報告稱：謹將六月份改裝裝甲車工作進
度，恭請鑒核。

工作地點	六月份工作進度	備考
瀋陽九十工廠	裝成 13 輛連前共 82 輛	一、瀋陽廠 82 輛，除 20 輛已交長官部外，餘 62 輛輪胎調換後即可應用，未裝甲之 12 輛七月初可完成。 二、滬處 52 輛中，20 輛已飭發裝校訓練，其餘 32 輛待修理車架部後，即可應用。
上海駐滬修理處	裝成 32 輛連前共 52 輛	三、美軍顧問視察後報告，輜汽團撥用車輛行駛太久，車況不良，應以良好車輛裝甲為妥。擬向物資局選撥較新車輛，正在接洽中。 四、所有裝甲費用均自各方挪墊，因今年全部製造費已墊撥一空，無法繼續。現候追加預算之款撥到後，始能繼續工作。

批示：瀋裝成之82輛，除五十輛已撥用交部隊使用，
令其詳報如何撥記外，其他32輛應配屬於北平戰車第
三團為要。

滬裝成之卅二輛，應撥發西安胡長官十二輛，其餘撥交
戰車第一、第二團各十輛為要。

擬辦：謹查東北已裝成之裝甲車，據熊主任六月六日電
稱：「已分配五十部使用前方」等語，又裝甲費用經
七月四日第六次國務會議通過，國防部兵工經費追加
三千七百八十餘億元，預算案內，列有裝甲車三百輛裝
配費一五〇億元在案。謹註。呈閱。

職薛岳謹簽　七月十一日

批示：應令聯勤總部從速墊款趕裝，不得停頓。

已裝成之車輛應如何行驅與訓練，希即詳報。

中正

辦公室已登記。

七、十二

1947 年 7 月 18 日
批各行局員工現行待遇調整落於人事小組之非法行為

此件應據查報方式將函中要點抄交徐柏園切實查報，尤其關於人事小組之非法行為，無異舞弊欺眾，更應將該小組長澈查與該小組澈底改組，並限徐秘書長一星期內詳報。

中正

1947 年 7 月 18 日
派胡翰等為國民政府參事

派胡翰、樊德芬、賴特才、梁朝盛、朱大昌、楊浚明為本府參事。

中正

胡、樊、賴三員為國防最高委員會舊人，梁、楊二員為徐傅霖先生推薦，朱為鼎昌所保薦，均為研究法律人員。

1947 年 8 月 28 日
指示蔣經國研究青年運動之具體思想及行動綱領

蔣局長經國：

希會同李部長惟果、鄧局長文儀、徐副秘書長佛觀、劉總隊長培初、沈秘書昌煥等研究領導青年運動之具體思

想及行動綱領，該綱領須與本黨之政綱政策符合。如經
濟方面可提出平均地權、節制資本。政治方面可提出澄
清吏治、整肅官箴。社會方面可提出勵行節約、服務社
會。軍事方面可提出整肅軍紀、服務士兵、官兵一致共
同甘苦等口號，並應積極發動「平均地權運動」訂定平
均地權之實施辦法，以資號召廣大農村青年加入運動。
希即照此研擬呈核為要。

1947年9月8日
批陳誠電呈擬訂新剿匪手本及對匪戰鬥手冊

陳誠午銑代電稱：奉鈞座二月廿六日訓示對戰略戰術精
神改進方法，及二月廿一日手令飭將一年來各部隊對付
匪軍突擊、伏擊、游擊等作戰方法及經驗編成教材。又
三月十九日手令飭將剿匪戰略戰術原則口號，重新研討
呈核各等因。謹遵將鈞座歷次在軍官訓練團訓示要點，
依據軍事科學範圍編訂新剿匪手本，並附對付匪軍突
擊、伏擊、游擊之方策，及對匪軍戰鬥手冊之對策。當
否？理合檢同該項稿本呈核。

擬辦：原稿呈核，擬辦意見分註於各項。

職薛岳謹簽　九月八日

批示：此文字太不簡潔，不能增進讀者志趣，反使內
容因之減色，應切實修正，交由劉次長切實修正呈核
為要。

中正

辦公室登記。

卅七、十一、廿七

1947 年 9 月 20 日
批吳鼎昌呈天津經濟漢奸嫌疑犯謝呂西案審查處理意見

簽呈　卅六年九月二十日於文官處

事由：天津經濟漢奸嫌疑犯謝呂西案審查處理意見

　　謹查前據天津市警察局長李漢元報據：「該市經濟漢奸謝呂西在淪陷時期受敵軍支持，在正金銀行無抵押、無限制借款買賣黃金，為敵維持金融，經除奸委員會令該局拘捕並查封其財產後，天津警備司令部以戰犯提案審訊，戰犯罪不成立，並准發還其財產。現本局以該犯有經濟漢奸罪嫌，向河北高等法院檢察處起訴，請特准將謝呂西財產撥作津市警察米貼之用」等語，經奉鈞批：「此案必有弊端，應由司法部切實查究，如果謝呂西漢奸罪證確實，可將其財產充公」等因，經分行司法行政部飭屬嚴切法辦，暨令天津警備司令檢齊全卷呈核。茲據天津警備司令呈復略稱：此案並非該部經辦，係由北平第十一戰區司令長官部軍事法庭受理，現移送河北高等法院第一分院偵查起訴中等語，另詳核所檢呈軍事法庭及高等法院前後案卷。本案之要點如左：

（一）第十一戰區司令長官部軍事法庭受理此案，係認定謝呂西為台灣人，在抗戰期中尚為日籍，經偵查其行為，尚未構成戰犯罪（如違反和平人道及戰爭法規），奉國防部指令為不起訴處分，即予開釋。

批示：此案國防部由何人主辦，其指令查抄呈報，並將

主辦人注明。

中正

（二）迨天津警察局再度檢舉，移歸河北高等法院第一
　　　分院偵查辦理後，以津市警察局復查戶籍冊載明
　　　謝呂西為福建詔安人（但北平市警局詢據謝呂西
　　　之女，供述其父為台灣人，母為福建人），並早
　　　與日酋敵諜川島芳子、土肥原賢二、佐藤少將等
　　　來往甚密，經以通謀敵國、操縱金融市場等漢奸
　　　罪嫌提起公訴。

（三）謝呂西之財產，包括黃金（一千八百餘兩）、白
　　　銀（四萬七千餘兩）、酒精（一萬二千餘斤）及
　　　其他煙土、證券、動產、不動產等為數甚大，均
　　　已查封，因案未結，並未發還，至謝本人已離平
　　　津，正由高等法院傳提中。

批示：此人往何處去？由何人保出？

中正

　　　綜合以上三點，本案之關鍵，在於謝呂西究竟是否
台灣人？如確係台人日籍，依法令規定不以漢奸論，如
非違反人道及戰爭法規，不能以戰犯論罪，則第十一戰
區司令長官部軍事法庭之不起訴處分尚屬正辦。如謝呂
西確係福建人而非台人，則根據高等法院偵查結果，經
濟漢奸罪可能成立。

　　　故欲使本案獲得正確之處理，擬再交司法行政部飭
屬注意確查謝呂西之屬籍，依法切實審理，務期無枉無
縱。至其財產應否即予沒收？併應依法辦理（天津市警
局所請先撥作該市警察米貼之用，違反敵偽財產處理法

規，未便開例，應毋庸議）。當否？請批示！謹呈

主席

吳鼎昌呈

批示：此案為何耽閣如此之久，應限司法部下月十五日
以前詳報，並將謝呂西逮捕收押，不問其為台灣或福建
人，必須負責逮捕勿誤，否則應以徇私舞弊論處。

中正

1947 年 9 月 20 日
批桂永清電報艦隊在膠東作戰行動綱要

桂永清青島來申哿電

事由：頃在青與范副總司令協定，艦隊在膠東作戰行動
綱要：（一）繼續膠東沿海岸之巡弋封鎖，並著重煙、
威兩港口。（二）立時完成部署，支援左翼部隊攻佔龍
口，並實施石虎嘴至龍口一帶之掃蕩。（三）配合左翼
部隊，自龍口迤東沿海岸之進展，支援蓬萊、煙台之攻
佔。（四）配合右翼部隊，沿五龍河之推進，至接近海
陽時，以火力支援攻佔。（五）依情況需要，在煙、威
各港口實施突擊，並以行動作佯登陸之表現。右五項乞
下一令實施，謹電鑒核。又我永順艦皓日在石灰嘴發砲
三十餘發，支援第八師作戰，附聞。

擬辦：呈閱，擬交劉次長速核辦。

職薛岳（俞濟時代）謹呈　九月廿一日

批示：如擬。復哿電悉，此種有重要機密作戰略性之計
畫，不應發無線電，如此缺乏此種保密之常識，何能領
導作戰，殊深憂慮。

中正

1947年10月2日
批孫連仲電報保密局在北平破獲中共電台
孫連仲西東電

事由：九月梗（廿三日）保密局在平機構破獲共匪電台一所，得知有關人員頗多，職署第一處處長謝士炎、參議余心清亦在其中，已交由行轅審訊中。職查察未周，良深罪咎，謹電陳報，伏候鈞裁。

擬辦：原件提呈閱。

職俞濟時謹呈　十月二日

批示：復東電悉，用人應特別慎重，甚恐左右仍多奸匪，望澈底肅清，以免變生肘腋為要。

中正

1947年10月7日
指示陳行管束其子勿為中共利用
上海中央銀行陳副總裁：

令郎陳融生現在何處？兄能保證其今後不為匪所利用否？其人在何處，望先設法管束候處。如何？盼復。

中正。

1947年10月15日
指示吳鼎昌研擬鼓勵黨員購買公債辦法
吳秘書長：

對於鼓勵黨員購買公債一事，應即籌劃辦理，希研擬具

體辦法呈報為要。

1947 年 10 月 15 日
指示吳鼎昌定期檢查中央黨部各部會存款
吳秘書長：

中央黨部各部會存款，應經常定期檢查，希即擬定辦
法，並將每次檢查結果報核為要。

1947 年 10 月 22 日
令夏楚中革職並交王耀武查辦
夏軍長楚中荒淫貪汙，著即革職，交由王司令官耀武負
責解京查辦。此令。

中正　中華民國卅六年十月廿一日

1947 年 11 月 22 日
批鄧寶珊電請迅將第八十三旅空運來榆林
鄧寶珊馬（廿一）酉榆林電

事由：　查榆林兩次被圍，民力已竭，廿二軍經一再作
戰，損失極重，刻擬積極整補，但緩不濟急。寧夏兵團
馬主席來電令即日回防，此間兵力單薄，又予匪以可乘
之機，惟西安空運部隊只到一營，為確保榆林並安定伊
盟計。現榆機場已修復，謹懇飭即將八三旅全部迅速空
運來榆為禱。

擬辦：原件呈閱，擬交劉次長速核辦。

職薛岳（俞濟時代）呈　十一月廿二日

批示：復鄧副主任。聞兄已到榆城，不勝欣慰，對於

左、馬各軍守據均有殊功，已先特電獎勉，請兄亦詳加查考報核，中意馬部暫留榆城，已電少雲挽留，以最近空運應須先投糧彈，故無法再運軍隊，以運力已至最大限度也。中正。

辦公室已補登記。

十一、廿四

1947 年 11 月 22 日

批鄧寶珊電告榆林匪情

鄧寶珊馬（廿一日）戌電

事由：犯榆之匪，刻大部仍盤據榆城東南二、三十華里之松樹卯劉千河一帶，積極整補，有再犯榆林企圖，此間危機確未減除，在八三旅全部未運到前，令寧夏兵團留榆一部，暫掩護八三旅迅速運補。原件呈閱。

擬辦：抄知劉次長。

職薛岳（俞濟時代）呈　十一月廿二日

批示：並復以告之電馬之意。

電馬主席。如果敦靜部隊必欲調回寧夏，則最短期內必須暫留榆林兩個團增強防務，一俟西安部隊運到，再行歸還寧夏建制，否則匪必再犯榆林。萬一榆林失陷，不惟此次援榆之功盡棄，而且寧夏亦危矣。此何如？盼復。

中正

辦公室已補登記。

十一、廿四

1947 年 11 月 23 日
批鄧寶珊電請迅令第八十三旅空運來榆林
鄧寶珊戌梗電

事由： 寧夏兵團已於今（廿三）晨撤回原防，職兵力薄弱敬，乞將八三旅迅速空運來榆為禱。

擬辦：原件呈閱，擬交劉次長核辦。

職薛岳（俞濟時代）謹呈 十一月廿三日

批示：復已催胡主任提前趕運部隊，勿念。此次由兄帶來傅主任所部已否用同到榆林？其兵數幾何？盼復。

中正手啟。

1947 年 11 月 25 日
批曾琦等呈請國大籌委會增加委員
吳鼎昌呈 三十六年十一月廿五日

曾琦十一月廿四日函呈

事由：請于國大籌委會增加委員二名，由青、民兩黨各加一名。

劉東岩君前承委辦全國選舉事務數月以來，辛勤不懈，頗著勞績，擬請派為國大籌備委員，俾以選政之經驗協謀大會之圓滿。聞委員已足十五名，可否酌加兩名，青、民兩黨各加一名。祈公卓奪！

張君勱十一月廿五日函呈

事由：國民大會籌備委員會本黨參加者僅徐傅霖一人，殊未能發揮本黨協助行憲之精神，敬希准由本黨提出蔣

勻田為委員，參加該會。

再該會組織法第六條關于設置職員之規定，本黨願推薦秘書翁原慶一人，俾能輔助委員參加實際工作。

如委員十五人業經派足，則請將原章程修改委員名額增至十七人，俾資配合。

擬辦：查國大籌備委員會組織規程規定委員十一至十五人，業已派補足額，曾、張兩君所請增加名額兩名一節，如蒙核准，擬即將規程內十五名字樣改為十七名，並准以蔣勻田、劉東岩兩君派充。如鈞座以為規程甫經頒布，未便遽予修改，則擬復以「暫緩增派」。究應如何辦理之處？請批示！

批示：由本黨委員中辭去二名，將其補入可也。

中正

已與吳秘書長商妥，准吳鼎昌、邵力子辭職，以劉東岩、蔣勻田遞補。

昌代判。

1947 年 11 月 27 日
批劉伯龍報告戰地視察意見

劉伯龍意見具申

戰地視察組長劉伯龍十一月廿七日意見具申一件（附圖），謹呈閱。

擬辦：擬交劉次長核辦。

戌梗創才電係國防部承辦——謹註。

職薛岳（俞濟時代）呈　十二月三日

批示：如擬。

此意見似可研究採納，惟應令胡主任抽調六個團為李兵
團指揮。

中正

1947 年 11 月？日

批陳誠呈戰地視察人員訓練班課表

視察人員訓練班課目時間分配表			
項目	課目	時間	
長官訓話	主席訓話	四	長官訓話一六小時
	部長訓話		
	總長訓話		
軍事課程	國防部及各總司令部之組織職掌	四	軍事課程三八小時。軍事課程部分應著重剿匪戰法之研究，與各種有關法令之講解。
	人事制度概要	二	
	情報及保密業務	二	
	剿匪戰役檢討	八	
	全般匪情之判斷	二	
	剿匪戰略戰術之檢討	四	
	諸兵種聯合作戰之運用及指揮	二	
	匪軍慣用戰法及我軍對策	二	
	編制裝備概況	二	
	現行補給制度	二	
	戰地訓練須知	二	
	指揮參謀要義	二	
	兵役概況	二	
	軍法摘要	二	

批示：課目太繁，有許多課目不必講解，編成小冊令其
自行研究。

視察員訓練以精神與品格及言行最為重要，而其任務特
別注重改革風氣、整頓軍紀、振作士氣、提高對匪敵愾
心，並代主席慰勞傷病兵與激勵軍心與民心，故精神教
育重於一切軍事課程也。

中正

視察人員訓練班課目時間分配表			
項目	課目	時間	
視察業務	視察程序	二	視察業務一八小時
	調查程序	二	視察業務應遵照此次檢討會議鈞座指示各點，詳細研究實施視察之辦法，如各部隊戰績之考核、戰力之調查情報與保密，及軍風紀之調查，暨運輸通信補給衛生機關之視察方法，均應列為主要研究事項。
	視察調查報告之準備	二	
	高級司令部之視察	一	
	陸軍部隊之視察	六	
	補給機關之視察	二	
	衛生機關之視察	二	

批示：如擬。

視察人員訓練班課目時間分配表			
項目	課目	時間	
政治課程	主席訓詞研讀	八	政治課程一二小時
	匪軍政情分析	二	
	國際現勢		
	綏靖期間黨政軍工作之連繫	二	
	民眾組訓	四	
小組討論		二十	政治一次（二小時）、軍事二次、視察業務一次
教育預備時間		四	
合計		九六	

批示：最注重的應是政治工作。剿匪手本、政工業務與考核、共匪軍政各制度，及各戰區匪之各縱隊編組裝備之檢討、共匪政工人員之訓練精神，及其技能之要領、匪區地方行政制度組織及其各級幹部之職責與紀律考核，以及我之對策、改革整頓各級司令部業務，提高效率，振作各級主官精神與剿匪信心為要課。

搜獲共匪小冊之重要資料應特別注重。

中正

1947 年12 月13 日
批范漢傑電詢萊陽是否派兵守備

范漢傑亥元電

事由：奉總司令顧亥真戌柏電，茲對膠東作戰指示如
次：萊陽解圍後，無論匪軍向何方向逃竄，我包圍萊陽
部隊應多編組追擊縱隊跟踪追剿，沿途不駐兵守備，迭
次向城鎮集結兵力，予匪以最大打擊，使匪無喘息休整
時機，希遵此意旨指導各部行動等因。查爾後萊陽是否
仍須派兵守備，敬乞示遵。

擬辦：原件呈閱，擬交劉次長核辦。

職薛岳（俞濟時代）謹呈　十二月十三日

批示：萊陽必須有駐防部隊固守，不得放棄。

中正

1947 年12 月30 日
批傅作義電告冀察共軍蠢動實施對策

傅作義北平（無線電）亥儉電

事由：冀、察匪軍連日蠢動，感晚起平綏線大同以東，
及平保、平津各線匪到處滋擾破壞，聶匪主力刻已集結
發現者，有二、三、四、五各縱隊，及獨四、獨七等
旅，在平漢路西側。南口、康莊間有四個旅，南口、
昌平間有第一縱隊，冀、熱、察匪獨二師及七分區向
永寧竄擾。此次匪軍全部行動，視其企圖似在針對剿匪
總部之成立，而發動攻勢，並以配合東北匪軍行動，故
必須予匪痛殲，華北、東北全盤戰局，始可轉活，否則
華北如任匪得逞，東北局勢更將無法收拾。對聶匪職已

有主動積極籌策，正實施中。查九十二軍前以東北吃緊
調赴增援，現該軍業已抽出，正在集結，惟北寧路仍有
破壞，不能迅速車運，至為焦灼。而河北方面局勢又趨
緊，張該軍既不能急撥於東北，擬著暫留數日，仍令集
結，不另使用。一面積極搶修北寧路，俟河北攻勢得
利，路亦修通，即將轉運東北。如此在時間上既不至遲
誤東北之用，而華北、東北得以兼顧，僅數日問題。當
否？敬祈裁示。

擬辦：原件呈閱，擬交劉次長速核議具報。

職薛岳（俞濟時代）謹呈　十二月廿九日

批示：復儉電悉，九十二軍如鐵路可無礙，仍望能早日
出關。因葫蘆島與錦西空虛，械彈倉庫更難確保也。中
意何此戰局以現有兵力由兄指揮，不致有何危險也。

中正

辦公室已登記。

十二、卅

1947 年 12 月 31 日
指示范漢傑查明七十六旅尚未登輪起運原因

青島范副總司令：

屢令七十六旅與第九師直屬部隊海運歸建，不料該旅至
今猶在途中，尚未登輪起運。何耶？

中正手啟。

1948 年 1 月 13 日
批陳誠呈擬訂修正現行輜重部隊編制案

職陳誠呈　三十七年一月十三日

事由：關於修正現行輜重部隊編制，充實輸力一案，遵經召集有關單位詳密研討，僉以目前一般部隊輜重缺點：（一）編制不宜。（二）人馬輸具缺乏。（三）部隊長忽視輜重，未認真整頓。（四）部隊攜行糧彈數量過少，甫與敵接觸即要求補給。為求澈底改善充實計，應將現行編制重新修正。茲謹擬定辦法如左：

一、部隊攜行糧彈數量及攜行區分之規定

（一）糧五日份，其攜行區分如左：

　　　1. 士兵本身攜帶二日份（口糧一日份、米一日份）。

　　　2. 連炊事班及營輸送排各攜行半日份。

　　　3. 旅師輜重各攜行一日份。

（二）彈藥二個攜行基數，其攜行區分如左：

　　　1. 連以下及士兵本身共攜帶一個攜行基數。

　　　2. 團輸送連旅輜重連各攜行四分之一攜行基數（共半個攜行基數）。

　　　3. 師輜重攜行半個攜行基數。

二、編制與裝備

（一）整編師（未整編軍）輜重使用汽車，除三十四年甲種編制為五十輛外，餘為三十輛均編成一個連。

（二）旅輜重使用二馬曳膠輪大車（載重約一噸），每旅五十輛，編成一個連。

（三）團部輸送連仍以人力編成，除三十四年甲種編
　　制成立二個連稱第一、第二連外，餘為一個連
　　（每連輸卒一百八十名）。

（四）營部概成立一個人力輸送排（官兵共五十員名）。

（五）為備作戰部隊轉入山地作戰，擬由聯勤總部成立
　　人力輸送團五至八個，分別控置於適當地點，
　　平時擔任兵站運輸，必要時撥配進入山地作戰部
　　隊，同時部隊之汽車大車，撥交兵站使用。

三、人馬輸具補充

（一）兵源：由三十七年度撥補各部隊新兵中，按戰
　　鬥兵比例撥補，進勤區內就地徵募編足（此項
　　改進辦法，部隊輜重所需兵額較原編制已大為
　　減少）。

（二）馬匹：共需二萬五千一百匹（預備馬在外）（按
　　原編制計有駄馬三一‧七五四匹整編後約可減
　　少五千匹），除東北、西北及聯勤總部製造中
　　之大車，已有馬一萬四千匹。另部隊輜重現有
　　數，約一萬匹，總計有二萬四千匹外，比對尚差
　　一千一百匹，擬以三十七年度上半年之馬政經費
　　內開支，又對馬匹購買為求迅速計，擬規定價格
　　發由各旅自行購買報驗。

（三）大車：現有旅（含未整師）共需膠輪大車一萬
　　一千六百五十輛，除東北已有五千輛，西北已有
　　一千輛，另聯勤總部製造中者一千輛，及台灣廣
　　州庫存尚有一馬曳日式鐵輪大車三千輛（積載量
　　三百公斤）外，尚差積載一噸重膠輪大車四千零

五十輛，須即製造。其製造費擬分由三十六年汽
車廢品變賣價款及三十七年運輸費項下撥用一
部，如不敷用，再專案呈請鈞座撥發。

（四）汽車：現有整編師（含未整軍）一百個共需輜
重汽車 3440 輛，現整編師（未整軍）以下部隊
共有編制數 3165 輛，比對尚差 275 輛。據聯勤
總部報稱，各部隊實際已有輜汽車約四千餘輛，
內中有三分一車需加修理，如此實相差有限。將
來配撥不敷時，擬請鈞座准撥用新車一部。

四、 以上各項補充，擬均限本年四月中旬全部調整充
實完成，調整期間須由聯勤陸軍兩總部派員指導
與點驗具報。

五、 自此次調整充實後，各部隊再有不保持規定之人
馬輸具，按規定攜行糧彈者，應由部隊長負責。

以上各項是否可行，理合簽請鑒核示遵。謹呈主席蔣。

擬辦：原件呈，擬准照辦。

職薛岳謹簽　元月十六日

批示：如擬。以後兵站基地必須隨部隊前進而推進，其
師輜重接運輸送距離最多不得超過二日之行程。但至後
方聯絡線之保護責任與護送部隊，亦應切實規定速辦。
中正

一月十八日發電

代電。國防部陳總長勛鑒：

一月十三日堅榜平 2042 號簽呈悉，准照所擬辦法，以
後兵站基地必須隨部隊前進而推進，其師輜重接運之輸

送距離最多不得超過二日之行程。至後方聯絡線之保護責任與護送部隊，亦應切實規定希速辦。

中正手啟。子巧侍黃。

1948 年 1 月 21 日
批傅作義電請配發武器

傅作義子馬申電

事由：（一）匪向以山地為根據，有機則出而竄擾，失敗即縮回據守，且其資源倉庫以及修械造彈等廠所，亦多設於山地，我軍以裝備笨重，對山地作戰頗受限制，致匪心理上有所憑藉。（二）茲擬抽選三個師，完全編為堅強有力之輕裝部隊，專負搜剿山地任務，澈底摧毀匪之根據地，使匪進退失據。（三）此項部隊必須多配附火力強大、攜帶輕便之武器，使能機動靈活、發揮效力，擬每連編配輕機槍九挺（每班一挺）、衝鋒槍卅六挺（每班四挺）、60 迫砲四門，以三個師計算。除原有武器外，共應再加配輕機槍二一九、衝鋒槍二二五零挺、60 迫砲二一六門，如能配附無後坐力之山砲更有力量。上項加配武器，擬請鈞座特准撥發，可否？敬乞核示。

擬辦：原件呈閱，擬抄交林次長迅予核辦具報。

職薛岳（俞濟時代）謹呈　一月廿二日

批示：如擬。此原有武器是否就新近批發，抑係該部原有之部隊查報？

中正

1948 年1 月26 日
指示吳鼎昌等新民報捏造匪情謊報戰況應即停刊

吳文官長、陳政務局長：

新民報不斷捏造匪情謊報戰況，甚至毫無影響絕無匪情之區域，而該報特假造專電偽報戰事，即如今日該報標題「宜昌之圍即解除」之報導，實為共匪有意捏造事實、動搖人心之慣技。該報屢次捏造此種報導，屢次警告仍不改正，應查照新聞取締法即令停刊，以免共匪利用為要。希即照此擬令稿交內政部，一面辦理手續，一面即令警察廳先行執行可也。

中正

1948 年2 月8 日
聘顧孟餘為國民政府顧問

吳文官長：

顧孟餘可派為國府顧問，希辦理具報為要。

中正

留閱，遵即函聘了。

手令錄底

機秘甲11007 卅七年二月八、九日手諭

吳文官長：

顧孟餘可派為國府顧問，希辦理具報為要。

中正

1948 年2 月26 日
批陳誠呈督導各級軍隊政治工作辦法

陳誠二月二十六日簽呈稱：奉鈞座二月九日手令，以軍隊政治工作任務綦重，應設置督導機構，派遣督導人員經常分赴各部隊督導政治工作之實施，以為今後改進之依據，即照此辦理具報等因。遵擬訂督導各級政治工作實施辦法一份，呈請鑒核。

擬辦：呈（附原辦法一份）閱，擬准照實施。

職薛岳謹簽　三月一日

批示：此督導工作應由專人負總責，以專責成，可派蔣經國辦理此事。

中正

1948 年3 月8 日
批郭懺呈撥發傅作義武器辦法

職郭懺呈　三十七年三月八日於聯合勤務總司令部

事由：擬撥傅總司令作義武器辦法由

奉諭撥傅總司令作義 65 步槍壹萬支，其應配發輕重機槍等數目，速即擬辦呈核等因。謹擬具撥補數量如左表，查輕重機槍等係照五個步兵團數配賦，步槍係按十四個團配賦，可否即照數撥補之處？謹乞核示為禱。

謹呈

主席蔣

品名	擬撥數	備考	
65 步槍 改造 79 步槍	8,000 2,000	一、共一萬支，內改造 79 步槍，係供其試驗之用。 二、上數可供十四個團，如改為十個團數，則為七千五百二十八支。	
輕機槍	240	照五個步兵團配賦數	如照十個步兵團配賦，則以上各數可加倍發給
重機槍	75	同右	
衝鋒槍	140	同右	
手槍	50	同右	
六〇迫砲	60	同右	
八二迫砲	30	同右	

擬辦：原件提呈核。

職薛岳（俞濟時代）謹簽　三月十八日

批示：准發 79 步槍陸千枝，其餘武器照六個團數量發足可也。

中正

1948 年3 月15 日
任沙文若為國民政府秘書

吳文官長：

請委沙孟海（文若）為國府秘書。

中正

卅七年三月十五日

交人事室了。

1948 年3 月18 日
批徐佛觀呈擬訂配合役政推行耕者有其田初步辦法

職徐佛觀呈　三十七年三月十八日

事由：謹遵諭，擬定「配合役政推行耕者有其田初步辦
法」呈閱。查「戰士授田」之決議已經四年，而政府毫
無實行誠意，士氣低落，徵兵困難，影響軍事之整個形
勢，短視之行政當局，實應負最大責任。職此處所提出
者，乃最小限度之要求，而農民銀行主管處黃處長，亦
認為事屬必要，且屬可行，但須迅速推動。謹報請核定
實施！謹呈

總裁蔣

附配合役政推行耕者有其田初步辦法

擬辦：原件呈核，擬將所附辦法交行政院核議，限兩星
期內呈復。

職薛岳呈　三月廿四日

批示：此案關係重大，應從新檢討能實施之辦法。

1948 年3 月25 日
批陳誠呈擬首都衛戍總部分區綏靖實施大綱

參謀總長陳誠呈　三十七年三月二五日

事由：為貴呈首都衛戍總部分區綏靖實施大綱恭鑒察由
謹擬具首都衛戍總部分區綏靖實施大綱一份，恭請鑒核
示遵。謹呈

主席蔣

附呈首都衛戍總部分區綏靖實施大綱一份

批示：第二分區應改為綏靖區為宜。

第一分區兵力應加強，至少要增加正規軍一個團兵力為
骨幹，以期澈底肅清，餘可如擬。

中正

辦公室已登記。

四、一

1948 年 4 月 16 日
指示吳鼎昌明令褒揚孔憲榮

吳文官長：

孔代表憲榮逝世，殊深哀悼，應由國民政府明令褒揚，
從優議卹。其舊部准交由萬福麟副主任整編，以貫澈孔
代表剿共戡亂之初志。

中正　卅七年四月十六日

1948 年 4 月 20 日
任游建文為國民政府秘書

吳文官長：

沈秘書昌煥另有任用，應免本職，調行政院參事游建文
為國府簡任秘書。

中正　四月二十日

1948 年 8 月 11 日
批鄧文儀呈擬官兵剿匪問答十條

職鄧文儀呈　三十七年八月十一日

事由：為改擬官兵（員生）及士兵剿匪問答各十條恭請
鑒核由

一、 奉交下剿匪官兵問答，經再三研討，終感文字太
　　 長、辭義過深，不宜於一般士兵朝夕呼喊之用。

二、 謹將原稿依職最初擬呈者更訂，請賜核定作為剿

匪問答，供一般軍事機關學校幹部訓練及憲兵青
年軍官兵使用。

三、 士兵剿匪問答依原意刪繁就簡，重擬十條，擬作
一般士兵之用。

四、 二者擬合印一冊，酌加說明（另擬編製圖畫解釋
說明）印五十萬份，以鈞座名義，頒發各軍事機
關、學校、部隊，經常呼喊，並切實研討實行。

謹呈總統蔣

附呈：官兵（員生）及士兵剿匪問答各十條

官兵（員生）剿匪問答

一、 問：國民革命軍剿匪是為什麼？

答： 我們要救國救民，所以必要剿滅賣國害民的奸匪
——共產黨。

二、 問：我們為什麼人來剿匪？

答： 奸匪賣國害民，就是我們全國同胞的公敵，亦就是
我們官兵惟一的仇人。所以我們是為全國同胞來剿
匪，亦為我國軍陣亡被俘的官兵來報仇雪恨。

三、 問：為什麼叫共產黨為奸匪？

答： 共產黨出賣祖國的漢奸，殘殺人民的土匪，漢奸
而兼為土匪，所以叫他為奸匪。

四、 問：奸匪的頭子是什麼人？

答： 是朱毛，就是朱德、毛澤東，他是外國共產國際
的走狗，是漢奸、賣國賊，就是汪精衛第二。

五、 問：奸匪如果不能剿滅，我們就怎麼樣？

答： 奸匪如不剿滅，國家就不太平，我們大家的父母
妻子全家門像匪區裡的人民一樣，無論貧富男女

都要被匪清算殘殺，不得過活了。

六、問：奸匪害國害民的罪孽是怎樣？

答：奸匪有三種大罪孽：

問：奸匪第一種大罪孽是什麼？

答：奸匪第一種大罪孽，是毀滅了我們全國軍民對日本八年抗戰勝利最光榮的歷史。

問：奸匪第二種大罪孽是什麼？

答：奸匪第二種大罪孽，是到處殘殺裹脅毀破壞我們家鄉生產，不許我們國家建設，弄得我們全國人民都要凍死、餓死，不得享受太平幸福。

問：奸匪第三種大罪孽是什麼？

答：奸匪第三種大罪孽，是反對我們收回東北領土，要斷送我們東北的主權，使得我們國家不能統一，國際地位不能平等，處處要被外人輕侮壓迫，民族要受莫大的恥辱。

七、問：奸匪害國害民的手段究竟是怎樣的毒辣？

答：奸匪的陰謀詭計其中，最毒辣的有三種手段：

問：奸匪第一種最毒辣的手段是什麼？

答：奸匪第一種最毒辣的手段，是假借分地的口號，來搜括我們家裡的糧食、欺騙百姓、斷送我們同胞的生命，要使我們亡國滅種！

問：奸匪第二種最毒辣的手段是什麼？

答：奸匪第二種最毒辣的手段，是提倡清算鬥爭雜婚亂配，就是要我們家裡仇恨殘殺、家破人亡，要我們整個民族滅絕倫理變為禽獸。

問：奸匪第三種最毒辣的手段是什麼？

答： 奸匪第三種最毒辣的手段，是口喊解放人民，實
用殘酷暴刑，使得匪區裡同胞處處恐怖陰沉，人
人有冤莫訴，求死不得，求生無路，過著地獄都
不如的生活！

八、 問：我們剿匪必成的信念有什麼保證？

答： 我們必勝的保證有三樣，第一是有我們救國救民的
三民主義，第二是有我國民革命成就光榮的歷史，
第三是有我們偉大的領袖領導著我們，所以剿匪是
沒有不成功的！從前孫總理領導國民革命，推翻了
滿清專制政府，建立了中華民國，現在我們蔣大總
統領導國民革命，早已打倒了北洋軍閥，統一了中
華民國，在其後來又打倒了日本帝國主義，挽救了
中華民國，這些勁敵強寇都為我們國民革命軍所打
倒，所以我們革命軍人只要信仰三民主義去剿匪、
信仰歷史、信仰領袖，一定可以消滅奸匪，統一中
國，完成國民革命的使命。

九、 問：我們剿匪怎樣纔能成功？

答： 我們剿匪只要實行以下四項要務，就必定成功！

問： 第一項要務是什麼？

答： 第一要信仰救國救民的三民主義，立志雪恥團結
一致，為我們已死的官兵復仇，不消滅奸匪，誓
不生還，不完成國家統一，死不放手！

問： 第二項要務是什麼？

答： 第二要冒險犯難、百折不回，保全北伐抗戰的光
榮歷史，發揚革命先烈犧牲的精神，勇往邁進，
前仆後繼，受傷不退，被俘不屈！

問： 第三項要務是什麼？

答： 第三要服從命令、嚴守紀律，實行革命軍的口號，愛國家，愛百姓，不貪財，不怕死！

問： 第四項要務是什麼？

答： 第四要萬眾一心、互助合作、爭取後勝利，堅持必勝的信念，有匪無我，有我無匪，以一打十，以十打百！

十、 問：剿滅共匪以後，我們有什麼好處？

答： 剿匪成功以後，至少我們各人有四樣好處！

問： 第一樣好處是什麼？

答： 第一樣好處，剿滅共匪，國家就可統一，大家全國國胞都可以安居樂業，我們自然可以享受家庭團聚的幸福。

問： 第二樣好處是什麼？

答： 第二樣好處，剿滅共匪，就可以平均地權，實行耕者有其田，我們每個人就有田種，全家都有飯吃，全國的民生問題亦就可解決了。

問： 第三樣好處是什麼？

答： 第三樣好處，共匪剿滅了之後，就可全力推行三民主義，我們中國亦正成為一個民有、民治、民享的新國家了。

問： 第四樣好處是什麼？

答： 第四樣好處，只要能剿滅共匪，我們國民革命事業亦就完成了，中華民國真正可以達到獨立自由平等地位，不會再受外國人侵凌欺侮的恥辱了。

批示：此條另附於後。

問：共產主義與三民主義比較那一個好？

答：共產主義是害國害民的主義，三民主義是救國救民的主義，自然是三民主義好，你只要拿下面三個比較就明白了：

問：第一個比較，共產主義與民生主義是那一個好？

答：共產主義是暴力專政，只有共產黨少數人得到權利，當然不如民生主義，平均地權，節制資本，使得個個農人有田種，工人有工做，學生有書讀，商人有生意做的好。

問：第二個比較，共產主義與民權主義是那一個好？

答：共產主義是階級專制，不如民權主義，國民人人平等實行全民政治的好。

問：第三個比較，共產主義與民族主義是那一個好？

答：共產黨是共產國際的走狗，就是外國在中國的第五縱隊，完全受外國人的指使，毫無自由餘地，自然不如求自己民族獨立，國家自主的民族主義好。

士兵剿匪問答

一、問：為什麼剿匪？

答：為救國救民實行三民主義而剿匪。

二、問：為那一個剿匪？

答：因為奸匪為全國人民的公敵，我們為全國人民而剿匪。

三、問：奸匪的真面目是什麼？

答：共產黨是出賣國家的漢奸，殘殺同胞的土匪，所以叫牠奸匪。

四、問：奸匪頭子是什麼人？

答： 奸匪頭子是朱毛，就是朱德、毛澤東，是第二個
　　 汪精衛。

五、 問：共產主義與三民主義比較那一個好？

答： 共產主義不要國家，實行暴力專政，不如三民主
　　 義實行民族獨立，自由平等好。

六、 問：奸匪怎樣賣國殃民？

答： 毀滅中國光榮歷史，破壞民生建設，斷送東北領
　　 土主權，害得同胞不能安居樂業。

七、 問：什麼是奸匪陰謀詭計？

答： 宣傳土地改革，騙老百姓參軍納糧（弄得全國人
　　 民不得安寧），高喊解放鬥爭，實行壓迫殘殺。

八、 問：我們要如何報仇雪恥？

答： 誓死澈底消滅奸匪，活捉朱、毛，為已死官兵復
　　 仇，為被難同胞雪恥。

九、 問：我們怎樣剿匪纔能成功？

答： 要剿匪成功，有三項要訣：
　　 第一要實行革命軍的口號：愛國家，愛百姓，不
　　 貪財，不怕死。
　　 第二要發揚先烈革命的精神；勇往邁進，受傷不
　　 退，被俘不屈。
　　 第三要堅持必勝信念，有匪無我，有我無匪，以
　　 一打十，以十打百。

十、 問：剿滅共匪以後，有什麼希望？

答： 剿滅共匪以後，有三大希望！
　　 第一，剿滅共匪，國家就可以統一，大家都可享
　　 太平幸福。

第二，剿滅共匪，就可實現三民主義，實行民
主，平均地權，解決民生問題。

第三，剿滅共匪，就可努力建設，完成國民革
命，達到中國自由平等。

官兵（員生）剿匪問答

剿匪問答在各部隊中每日起床後，出操或作戰以前，必
須由其連長與連指導員集合全體官兵，自星期日起每朝
挨次問答兩條，至星期六日十四條問答完畢。每星期日
午間由團長與營長及師團政工主任集合其全團或全營官
兵，將十二條全部問答一遍後，由師或團政工主任詳加
講解與闡明其意義，講解完畢時即與全體官兵會餐娛
樂。尤其在戰鬥陣地內更應照常實施，不得間斷，務使
全體官兵認識其共同的敵人，團結一致、同仇敵愾，完
成其剿匪戡亂應有的責任。

一、 問：我們國民革命軍剿匪是為什麼？

答： 我們是為要救國、救民、實現三民主義來剿匪。

二、 問：我們是為那些人來剿匪？

答： 奸匪賣國害民，就是我們全國同胞的公敵，亦就
是我們官兵共同的仇敵，所以我們是為救全國同
胞來剿匪，亦就是為求我們自己生存來剿匪。

說明：因為我們自己以及家中父母妻子都是中國人民
之一分子啦。

三、 問：為什麼叫共產黨為奸匪？

答： 共產黨是外國共產國際的走狗，他就是出賣祖國
的漢奸，殘殺人民的土匪，所以叫他為奸匪。

四、 問：共產主義與三民主義比較那一個好？

答： 共產主義是不要國家，亦不要民族的。他是實行
　　暴力專政，實是害國害民的主義，自然是我們救
　　國救民的三民主義好。

說明（一）：共產主義是不承認自己國家為國家，而是
　　　　　　以外國的共產國際為其祖國的，把中國領
　　　　　　土主權送給外國人。

說明（二）：第一、共產主義與民族主義的比較：共
　　　　　　產黨是共產國際的走狗，就是外國在中國
　　　　　　的第五縱隊，完全受外國人的統制指使，
　　　　　　整個民族就要被他出賣，做外國的奴隸，
　　　　　　使得我們中國人永遠不能獨立，也沒有自
　　　　　　由，自然不如我們民族主義要愛護自己民
　　　　　　族自由，保障自己國家獨立的好。
　　　　　　第二、共產主義與民權主義的比較：共產
　　　　　　主義是階級專制，只有共產黨少數人得到
　　　　　　權利，當然不如我們民權主義凡是中國人
　　　　　　民都是民國的主人，都是人人平等，實行
　　　　　　全民政治的好。
　　　　　　第三、共產主義與民生主義的比較：共產
　　　　　　主義是共產黨把持全國財富，殘害人民生
　　　　　　命，統制人民生活，人民的生命財產是毫無
　　　　　　保障的，當然不如我們民生主義平均地權、
　　　　　　節制資本，使個個農人有田種，工人有工
　　　　　　做，商人有生意做，學生有書讀的好。

五、 問：奸匪如不剿滅與我們有什麼害處？

答： 奸匪如不能剿滅，國家就不得太平，我們大家的

父母妻子全家老少都要像現在匪區裡的人民一樣，無論貧富男女，都要被匪清算殘殺，不得過活了。

六、問：奸匪賣國害民的罪惡是怎樣？

答：奸匪毀滅我們全國軍民八年抗戰流血犧牲的光榮歷史，斷送我們東北領土主權，妨害我們國家建設，破壞我們鐵道工廠礦業，製造全國人民饑餓，弄得我們家家破產，害得我們全國同胞快要餓死凍死，不得活命。

說明：奸匪第一種大罪孽，是毀滅了我們全國軍民抗戰勝利光榮的歷史，而且他共匪還要蓄意毀滅我們中華民族五千年來優美的文化、光榮的歷史，使得我們黃帝子孫忘掉了他自己的祖宗，來做外國人的奴隸，受外國人的驅使，來破壞自己的國家，殘殺自己的同胞。從古以來找不出這樣窮兇極惡的流寇土匪，亦找不出這樣最大惡極的漢奸賣國賊。

奸匪第二種大罪孽，是到處殘殺人民，欺騙青年，勾引婦女，傷風敗俗，無惡不作，更要破壞我們家鄉生產，不許我們國家建設，弄得我們全國人民都要凍死餓死，不得享受太平幸福。

奸匪第三種大罪孽，是要斷送我們東北的領土主權，使得我們國家不能統一，國際地位不能平等，處處要被外人輕侮壓迫，民族遭受莫大的恥辱。

七、問：奸匪害國害民的手段究竟怎樣毒辣？

答：奸匪假借分地參軍的口號，提倡清算鬥爭的毒計，高喊解放自由，實行壓迫屠殺，真是要弄得我們亡國滅種為止。

說明：奸匪陰謀詭計最毒辣的手段有三種：奸匪第一種毒辣的手段，開頭拿土地改革的名義來號召窮人，欺騙百姓，先上了他的當，接續就拿分地參軍的口號，無論窮人富戶所存的糧食都要被他搜括得淨光。不只搜括我們家中的糧食，更要斷送我們全家的生命，非使得我們家破人亡不止。

奸匪第二種毒辣的手段，是提倡清算鬥爭，雜婚亂配，使得我們父子相殘，夫妻仇視，不止弄得我們家破人亡，還要我們整個民族，滅絕人倫，變為禽獸。

奸匪第三種毒辣手段，是口喊解放自由，實用殘酷暴刑，使得匪區裡同胞處處陰氣沉沉，恐怖萬分，人人有冤莫訴，求死不得，求生無路，過著地獄都不如的生活。

八、問：我們勦匪必成的保證是什麼？

答：我們勦匪必成的保證有三樣：第一是有我們孫總理救國救民的三民主義，第二是有我們偉大的領袖蔣大總統領導著我們，第三是有我們國民黨領導國民革命，五十年來光榮成功的歷史，這就是我們勦匪必成的三大保證，所以勦匪是沒有不成功的。

說明：從前我們孫總理領導國民革命，推翻了滿清專

制政府，建立了中華民國。現在我們蔣大總統
領導國民革命，早已打倒了北洋軍閥，統一了
中華民國，後來又打倒了日本帝國主義，挽救
了中華民族的命脈。這樣利害的勁敵強寇都已
被我們國民革命軍打倒了，所以我們國民革命
軍人只要信仰主義、信仰領袖、信仰歷史去勦
匪，一定可以消滅奸匪、統一中國，完成我們
國民革命最偉大、最光榮的使命。

九、 問：我們勦匪怎樣纔能成功？

答： 要信仰三民主義、信仰領袖，要堅持必勝的信
念、要發揚革命先烈犧牲的精神、要實行國民革
命軍的四句口號：愛國家，愛百姓，不貪財，不
怕死。

說明：我們勦匪只要實行勦匪四大綱領，就必定成功。
第一要全軍一致、立志雪恥，為我們勦匪已死
的先烈復仇，為我們被俘的官兵雪恥，不消滅
奸匪誓不生還，不完成國家統一誓不放手。
第二要親愛精誠、萬眾一心，爭取最後勝利，
堅持必勝信念，有匪無我，有我無匪，以一打
十，以十打百。
第三要冒險犯難、百折不回，保全北伐抗戰的
英勇歷史，發揚革命軍人大無畏的犧牲精神，
勇往邁進，前仆後繼，受傷不退，被俘不屈。
第四要服從命令、嚴守紀律，實行革命軍的口
號，愛國家，愛百姓，不貪財，不怕死。

十、 問：勦滅共匪以後我們有什麼好處？

答： 勦滅共匪以後，我們中國就可以統一，我們三民
　　 主義就可實現，一切生產建設就可進行，分配土
　　 地平均地權亦可真正實行，這樣全國人民生活就
　　 可改良，這樣我們全國同胞整個的民生問題就可
　　 解決，國民革命就可完成，中國自由平等的目的
　　 就可達到。我們大家就可以做一個世界上最光榮
　　 的軍人，亦可以做一個獨立自由的國民，再沒有
　　 外國人敢來侵略欺侮我們了。

說明： 勦匪成功以後，至少我們各人有四樣好處：
　　　 第一樣好處，勦滅共匪我們國家就可統一，全
　　　 國同胞都可以安居樂業，我們自己以及全家父
　　　 母妻子兄弟亦就可以享受家庭團圓的幸福。
　　　 第二樣好處，共匪勦滅之後就可以全力推行三
　　　 民主義，我們中國真正成為一個民有、民治、
　　　 民享的新國家了。
　　　 第三樣好處，勦滅共匪就可以平均地權，實行
　　　 耕者有其田，我們每個人都有田種，全家們都
　　　 有飯吃，全國的民生問題亦就可解決了。
　　　 第四樣好處，只要能勦滅共匪，我們國民革命
　　　 事業亦就完成了，這樣我們全國軍民八年抗戰
　　　 勝利的戰果亦可以完全有了保障，我們中華民
　　　 國纔可以達到獨立自由平等地位，不會再受外
　　　 國人侵凌欺侮的恥辱了。

十一、問：奸匪的頭子是什麼人？

答： 是朱、毛，就是朱德、毛澤東，他們是外國共產
　　 國際的走狗，是漢奸賣國賊，是汪精衛第二。

十二、問：我們國民革命軍官兵怎樣纔能報仇雪恥？

答： 澈底執行命令，誓死達成任務，活捉朱毛，消滅
奸匪，為已死先烈復仇，為被俘官兵雪恥。

十三、問：軍人最大的恥辱是什麼？

答： 軍人最大的恥辱是被俘屈服，被編驅戰，受奸匪
的欺騙壓迫，忍心來打我們自己的弟兄，這種不
知廉恥、沒有氣節的人是我們軍人最大的恥辱。

十四、問：軍人最大的罪惡是什麼？

答： 軍人最大的罪惡是被匪繳械與遺棄子彈，反被奸
匪拿去利用來殺害我們自己的弟兄，這是軍人最
大的罪惡（所以我們官兵到萬不得已時，必須先
將所有械彈澈底燒毀，切勿為匪來利用）。

擬辦：原件呈，擬准如擬辦理。

謹按鈞座 7/24 手令，鄧局長剿匪官兵朝晚問答十項
應速擬定呈核，最要者為剿匪之原因（即為什麼要剿
匪），其次為剿匪之目的，再次為共產主義與民生主義
的利害的問答、國際主義與民族主義之問答、階級鬥爭
與民權主義即民主憲政之問答、關於共匪叛亂毀滅我軍
八年抗戰犧牲之成果，以及其不許我建設國家、妨礙我
平均地權節制資本政策、窒息我人民生活，民族生命，
社會生存的罪惡、為我們已死官兵復仇、為我們被匪殘
殺欺騙汙辱的父母子女雪恥、為保護我們家庭安全、為
保存我們祖先光榮歷史、為保全中國文化和民族精神，
不被淪為獸化而剿匪、痛恨共匪欺騙民眾，借分地之
名，實施其屠殺同胞，使我父子兄弟自相殘殺的萬惡暴

行而剿匪、為保全人性滅絕獸行，反對禽化而剿匪、剿滅共匪方能安居樂業、剿滅共匪真能平均地權、剿滅共匪方能實現三民主義、剿滅共匪方能保護家庭安全，方能享受家庭團聚之福，方能建設新中國，方能完成國民革命，方能完成我們中華民族黃帝子孫的責任，方能得到真正平等自由的幸福，照以上各意製定可也等因。嗣據擬呈，以文字太長不切實際，經飭重擬，茲復據呈復如上。謹註。

職俞濟時謹簽　八月十三日

批示：不必以余名義，即以剿匪問答為題，而由政工局奉命頒發可也。

中正

本件係八月十三日呈閱，十二月廿八日奉批下，且官兵問答，業於八月廿八日頒布實施，其內容與本案相同，故本案存。

十二、卅

1948 年8 月27 日
批皮宗敢電報華盛頓盛傳中央對傅作義待遇不平等

皮宗敢華盛頓來未宥（8/26）電

事由：此間軍政及新聞界近日盛傳中央對傅長官作義待遇不平等，不予以械彈補給，即周以德議員及魏德邁將軍亦詢問是否屬實。此中似有奸人挑撥，使美方存我中央與地方有嫌隙之感。謹聞。

擬辦：原件抄呈閱，擬抄知何部長查明實況，酌電皮武

官予以糾正。

職薛岳呈　八月廿七日

批示：復絕無此事，此乃反動派有意製造挑撥之謠議，並可囑美友直接詢傅總司令本人有無此不平待遇之事也。

1948 年9 月3 日

批唐君鉑呈塞伯爾（Harry Thurber）海軍官校備忘錄

謹將美海軍顧問團團長塞伯爾將軍八月二十三日呈（九月一日送來）鈞座備忘錄第五號及附件，摘呈總統鈞核。

職唐君鉑呈　九月三日

事由：改進海軍軍官學校之管理由

（附件：該團長致桂總司令備忘錄第一五〇號）

一、目前一般海軍士氣及紀律已顯有進步。

二、 海軍軍官學校為養成未來幹部之所，軍官應具有之德性及領導能力應於海校中打堅實基礎，故建議改進海校之管理。

三、改進辦法：

　　1. 藉教室中之討論及實際教練，以誘發學生之自尊心、自治力、必勝信念，及領導能力。

　　2. 於學生編隊中，逐漸指派學生擔任職務，加重其責任。

　　3. 各種教練中，應使每一學生有機會輪流擔任指揮。

　　4. 學生應參加假設之軍法會審，使將來對部下違背軍法、破壞紀律之事件能處理適宜。

5. 以上各項均須有精選之優秀教官官長嚴密督導之。

6. 海校教官官長應為專任，不能兼職。

擬辦：擬交參謀總長轉飭海軍總部依建議改進。

原附件加角簽呈閱，擬准照修訂頒行。

批示：為提高我陸海空軍之士氣與整體紀律，養成學員及幹部優良之習慣，須將此一至五各條應令陸空各軍事學校與各軍幹部訓練隊皆應一律實施，擬送顧總長令行。

中正

1948 年 9 月 9 日

批鄧文儀呈修正剿匪要訣歌譜

職鄧文儀呈　三十七年九月九日

事由：為附呈修正剿匪要訣歌譜，請通令使用以宏效用。

一、查官兵剿匪問答內之剿匪要訣歌，以原訂歌譜未能發揮歌詞意義，於去年中訓團軍官團教練該歌時，經音樂教官談脩呈准脩改印發教練，收效甚宏。

二、本（九）月八日星期三國防部舉行月會時，已由該教官按修正歌譜教練。

三、謹檢同修改歌譜二份呈請鈞核，擬肯准將該項歌譜予以修正，以加強效用，激勵官兵戰志。可否之處，伏祈核示祗遵。謹呈

總統蔣

附呈：修正歌譜二份

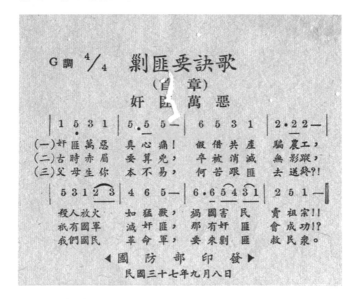

擬辦：查剿匪要訣歌詞原附印於官兵剿匪問答手冊之後，正奉總統核准印頒。

本案係請求修訂歌譜者，擬請代批准修正之歌譜通飭使用。

批示：如擬。薛代。

九月十一日發電

代電

國防部政工局鄧局長勛鑒：

九月九日敦勇局字第 96 號簽呈暨附件均悉，准照修正之歌譜通飭使用可也。

蔣中正。申真樞學。

1948 年9 月17 日

批何應欽呈修訂官兵剿匪問答與用法說明等

職何應欽呈　37 年9 月16 日

事由：呈送修訂官兵剿匪問答、用法說明及規定事項，
仰乞核示由。

查官兵剿匪問答，原擬訂之用法說明及規定事項，對於
機關研讀辦法未明確規定，經交本部政工局研究擬呈，
茲據該局呈送修訂該項問答用法說明及規定事項前來，
擬於原第一條之後擬增加「宣讀及朗誦辦法」一條，並
於原第五條之後，加及軍事機關、學校、醫院、軍官佐
屬討論研究之規定各一條，核尚可行，為特呈送鈞座核
閱示遵。謹呈

總統蔣

附修訂官兵剿匪問答用法說明，及規定事項一份、週會
儀式一份

剿匪問答用法說明及規定事項（修訂補充者）

一、 討論及研究辦法：各連每週舉行小組會議時，每次
　　應依問答次序，提出一條付與討論，由連指導員
　　事先擬定討論綱要，誘導士兵自由討論及辯論，
　　分正反兩面實施使士兵於辯論中提出不同或相反
　　意見。然後由連指導員或出席指導之官長切實予
　　以指正，期使不正確論調，得根據事實糾正，但
　　切忌使士兵不敢發表不同或相反的意見，務使其
　　坦白說出其內心所欲言者，以便及時指正，得到
　　共同一致的理解。

二、宣讀及朗誦辦法：各軍事機關部隊學校醫院於星期

一上午九時至十一時舉行週會時（作戰部隊得斟酌
實際情形辦理，但最好每週有一次週會），應於
主席致詞或工作報告之後（週會儀式第七項後），
由主席將本問答每次領導宣讀一遍，（並逐點逐句
闡釋其要義（可挨次分數次講解完畢），主席宣
讀時全體一律循聲朗誦，如此舉行一個月之後，
每次週會時即由主席領導朗誦（主席問全體答）。
朗誦完畢後，主席並須臨時指定官兵一、二人，
當場令其背誦（用抽籤法更好），以考查是否熟
讀。務期澈底瞭解，不斷溫習，時刻不忘，以收
訓練之效。）

批示：此方式不行。

三、考查及督導辦法：部隊各級官長、視察官，尤其
　　連長及連指導員，應經常抽問士兵對本問答之了
　　解程度，各級部隊長高級人員（司令官等），尤
　　其師長和旅團長等，更應經常下連督導其實施問
　　答，考查其成效。

四、官兵剿匪問答列為學校部隊教育及校閱重要項目
　　之一，並作為各級部隊長及政工人員工作考成重
　　要之依據。

五、官兵剿匪問答，於各級部隊舉行會報及其他集會
　　時，由主席或主官領導全體朗誦及闡釋，並舉行
　　官佐小組會議，提出正面或反面的相互辯論。

六、軍事學校員生及陸軍醫院參照本辦法之規定實施。

七、軍事機關、學校、醫院、軍官佐屬對本問答之討
　　論研究，悉依照第一五兩條之規定辦理，凡舉行

週會及小組會議時，所有士兵伕役均須一律參加，並由各級主官嚴加督導切實實施。

批示：可。

週會儀式

一、週會開始

二、全體肅立

三、主席就位

四、唱國歌

五、向國旗暨國父遺像行三鞠躬禮

六、主席致詞或工作報告

七、朗誦官兵剿匪問答（主席問全體答）

八、唱剿匪要訣歌

九、宣讀軍人讀訓全體循聲朗誦

十、呼口號

十一、奏樂

十二、散會

〔浮簽〕擬辦：何應欽九月十六日簽呈稱：查官兵剿匪問答之用法說明及規定事項，對於機關研讀辦法未明確規定，擬增加：「宣讀及朗誦辦法」及「軍事機關學校醫院軍官佐屬討論研究之規定」各一條，謹將政工局擬呈修訂後之規定辦法及週會儀式，繕呈鈞閱。可否？乞示！

呈（附原附件）閱，擬准照修訂頒行。

職薛岳呈　九月十九日

九月廿二日發電

代電

國防部何部長勛鑒：

九月十六日敦卓字第555號簽呈暨修訂剿匪問答用法說明及規定事項均悉。（一）新訂之第二條自「並逐點逐句闡釋其要義」一語以下方式不行，可予刪除。（二）增訂之第七條可照辦。

蔣中正。申養樞學。

1948年10月17日
批王勁修電請速發剿匪問答

王勁修信陽來西篠電

京。密。局長俞：據視察官鄧竹修西刪電稱查官兵剿匪問答為提高官兵精神與技術之至寶，現第十軍及十八軍尚未領到，懇請轉報速發為禱等情謹電察核。職王勁修。西篠參印。

〔浮簽〕擬辦：擬飭政工局鄧局長速予補發。

　　　　　十、十八

批示：飭政工局鄧局長速予補發。

十月十八日發電

代電

國防部政工局鄧局長勛鑒：

據王勁修西篠電稱第十、十八兩軍均未收到官兵剿匪問答等情，希速發。

蔣中正。酉巧樞學。

1948 年10 月23 日

鄧文儀呈復配發剿匪問答辦理情形

職鄧文儀呈　三十七年十月廿三日

事由：為呈復西巧樞學代電由

（卅七）西巧樞學代電奉悉，查第一次配發第十軍及第十八軍之「官兵剿匪問答」各叁千陸百份，經於上月派員專送華中剿總轉發。第二次配發該兩軍之「官兵剿匪問答」係由本局撥款託請華中剿總翻印轉發，除已電華中剿總速發，並由本局另再航寄各五百冊外，理合呈復鑒核。謹呈部長何（秦德純代）轉呈

總統蔣

擬辦：呈閱，擬存。

批示：存。

中正

1948 年10 月24 日

批陳鐵電報范漢傑錦州突圍

陳鐵葫島來梗申電

事由：北平總統蔣。范副總司令之夫人於梗午（二十三日）抵錦西，據云刪（十五）日隨范副總司令突圍，在錦州南廿華里被匪騎衝散，謹聞。職陳鐵叩。梗申。

擬辦：原件呈閱。

職俞濟時呈　十月二十四日

批示：復陳副總司令梗申電悉。范夫人安到錦西，甚慰，望妥為招待，並勸其先回平為盼。

中正手啟。

辦公室已補登記。

十、廿一

1948 年 11 月 6 日

批楊愛源電請以燃燒彈對付共軍

照抄太原綏靖公署楊副主任愛源來電

總統鈞鑒：

酉艷樞問平代電奉悉，頃聞此項固體汽油燃燒彈現已運來北平南苑機場，連日奉閻主任電稱，急盼此彈轟炸頑匪，其效力實勝於增兵兩萬，解救太原非此不可。謹電懇鈞座急電王副總司令迅速派機投擲，以挽危局，臨電不勝迫切之至。太原綏署副主任楊愛源叩。戌微平印。

賈景德謹轉呈　十一月六日

批示：電閻、王副總司令，固體汽油燃燒彈是否即強烈爆炸性NAPALM彈？此彈配製有否成功？共有幾多？盼詳復。

中正手啟。

辦公室已補登記。

十一、七

1948 年 11 月 23 日

批蔣經國呈請辭去政工總督導一職

何應欽簽呈

標題：為據蔣經國呈請辭去政工總督導一職，俾集中精力辦理經管事宜，特簽請核示。

擬辦：原件呈核。

謹按國防部前呈督導政工辦法，奉批此督導工作應由專人負總責以專責成，可派蔣經國辦理此事等因有案。謹註。

職孫連仲謹簽　十一、廿六

批示：不准令其負責辦理。

中正

1948 年12 月5 日
批傅作義電告返防與張潤珊奠事

傅作義電

職俞濟時謹簽　十二月五日

一、傅作義亥支電稱：職於本日下午二時返防。呈閱。

批示：復慰勉。

已辦。菊村　12/6

二、查整第五十五師八十六團團長張潤珊（曹福林部）陣亡，遺體現厝南京中國殯儀館，擬以鈞座名義賜奠花圈一具。當否？乞核示。

批示：二、可，擬親自去吊。

並已通知周武官。■代　12/6

已函總務局照辦。■　12/6

1948 年？月？日
批綏靖區對匪組織戰總方案

綏靖區對匪組織戰總方案

批示：此方案絕對無用，不切實際，徒增加機關而不能

加強現有機關與人事，更不能發生效用。地方組織必須
針對匪的組織，匪以村級幹部為基本，我軍亦應以著手
加強村的幹部，並賦予其權責及嚴定紀律與考核辦法。
在軍隊則應加強連的組織一也。

1949 年 1 月 14 日

批顧祝同呈

顧祝同簽呈

擬辦：原件提呈核，似可照准。

子魚樞審代電係桂總司令請求撥陸軍一、二師歸其指揮，接受兩棲訓練，現據復如文──謹註。

職孫連仲呈　元月十七日

批示：照准。應即先指定壹個師，限本星期四日前呈報為要。

中正

1958 年 9 月 12 日

指示陳誠明年度預算對軍民防空及墾荒應寬籌經費

陳院長辭修：

明年度中央及省之預算應對軍民防空以及墾荒二事寬籌經費，防空材料中之水泥一項應計劃大量增產，關於墾荒部份可研擬十萬至十五萬人之三年實施計劃，以容納社會失業人員，於明年度即開始實施，希即飭知台灣省政府共同辦理。至於此項計劃可否運用經援，並希一併籌議具報為要。

蔣中正　九、十二

?年8月18日[5]

派阮肇昌於本期黨政訓練班任大隊長或團附

白部長、王教育長：

阮次長最好能在本期（本月二十三日起）黨政訓練班任大隊長或團附，何如。

中正　八月十八日

?年9月14日[6]

指示戴笠查報菲律賓副總領事之適當人選

戴副局長：

菲律濱副總領事（主事）擬換人，有否相當人選。

中正　十四日

九月十四日收到。

戴笠

5　原檔無年份。大溪檔案資料整理時推估為 1945 年，國史館整理著錄時予以採納。阮次長為軍訓部次長阮肇昌。

6　原檔無年份。按中華民國駐馬尼拉總領事楊光洬等七位外交官在 1942 年 4 月 17 日為護僑遭日軍殺害，故相關職位懸缺。1945 年，美軍收復菲律賓，日軍投降，傀儡政府宣告結束，中華民國政府始有可能重新派駐外交官員。軍事委員會調查統計局副局長戴笠於 1946年3月飛機空難身亡，故文件可能及最晚產生時間為 1945年。

？年9 月10 日[7]
指示張治中嚴加考核戰幹團分發人員並設短期訓練班
張部長：

政治部對各戰幹團歷屆畢業生分發在各地服務人員應重
新加以嚴格考察，並由政治部在重慶及各戰區各設立短
期訓練班派員前往主持考驗成績與思想，如此輪流不斷
調訓，期以一年考核完畢，在此訓練期中對於其服務期
間之成績優劣與技能高低亦應特別注重為要。賀衷寒未
派工作，以可屬其在政治部以部附名義協助一切，當有
裨益也。

中正　九月十日

九月十日寄到。

張治中

？年11 月3 日[8]
指示吳國楨據報市售麻油摻有桐油應嚴格取締
吳市長：

據報市上所售麻油常有桐油摻雜情事，希飭派員檢查，
嚴格取締，以重衛生。或由市府按照地段，指定數家專
售麻油，其餘一律停閉。但此種油店應切實保證不摻雜

7　原檔無年份。按政治部戰幹團設置始於政治部長陳誠任內（1938
　　年）。賀衷寒先後出任軍事委員會政治部第一廳廳長、秘書長，
　　張治中於 1940 年 8 月 31 日經任命為政治部部長。文件產生時段應
　　在 1940 至 1945 年間。
8　原檔無年份。按吳國楨於 1939 年 12 月 7 日任重慶市市長，1942年
　　12 月 8 日改任外交部政務次長。文件產生時段應在 1940 至 1942 年間。

任何其他雜油，並由市政府為此專派員負責每日輪流檢
查與密探，必須負責杜絕，以重衛生。倘有違令故犯，
一經查明，除封閉其油店外，並將其店主按照擾亂治安
罪從重懲處。如果檢查不力，市上仍有此種摻雜桐油之
麻油，則惟市政府奉令不力是問。希即擬具詳細辦法，
切實實施為要。

中正　十一月三日

？年12月16日[9]

任張伯謹為平津青年團籌備處主任

平津青年團支團籌備處主任派張伯謹擔任可也。

中正　十二月十六日

本項手令已由鄭秘書長分別通知在案。

周家德謹註

十二、廿三

方　十二、廿三

？年？月？日[10]

指示考核委員會之批示應對全會報告

陳主任：

9　原檔無年份。按張伯謹於1945年8月18日獲任命為北平市副市長，
　　文件可能產生於1945年。

10　原檔無年月日。按國防最高委員會黨政工作考核委員會組織大綱
　　於1940年9月3日公布，1948年2月14日撤銷。吳鐵城於1941年
　　4月2日起出任國民黨中央黨部秘書長，至1948年出任孫科內閣行
　　政院副院長卸任。因此文件可能產生時段在1941至1947年間。

考核委員會之考核報告皆甚重要，在中央黨政軍各報告
完畢之後，即應由考核委員會將今日所批示各件對全會
報告，並對此各種報告，另設立審查會擬定具體決議，
以資全會重視。

中正

轉派內一節另通告中央秘書處吳秘書長。

民國史料 17

遙制坤輿：
蔣介石手令與批示

Chiang Kai-Shek's Directives and Approvals

編　　者　民國歷史文化學社編輯部
主　　編　任育德
總 編 輯　陳新林、呂芳上
執行編輯　李佳若
美術編輯　溫心忻

出 版 者　🛡️ 開源書局出版有限公司

香港金鐘夏慤道 18 號海富中心
1 座 26 樓 06 室
TEL：+852-35860995

🌼 民國歷史文化學社

10646 台北市大安區羅斯福路三段
37 號 7 樓之 1
TEL：+886-2-2369-6912
FAX：+886-2-2369-6990

銷 售 處　源流成文化 股份有限公司
10646 台北市大安區羅斯福路三段
37 號 7 樓之 1
TEL：+886-2-2369-6912
FAX：+886-2-2369-6990

初版一刷　2020 年 2 月 27 日
定　　價　新台幣 330 元
　　　　　港　幣　85 元
　　　　　美　元　12 元
I S B N　978-988-8637-52-2
印　　刷　長達印刷有限公司
台北市西園路二段 50 巷 4 弄 21 號
TEL：+886-2-2304-0488

封面書法字來源出處：
中華民國國家發展委員會，CNS11643 中文標準交換碼全字庫
網站，http://www.cns11643.gov.tw